Schilkin

HOFFE, SOLANGE DU ATMEST

1.Auflage

Hoffmannstraße 1-5, 12435 Berlin

Textbearbeitung: Raik Hellwich
Fotos stammen aus dem Privatarchiv Sergei Schilkins
Einbandgestaltung: Plus C Werbeagentur GmbH Berlin
Titelbilder: Eckhart Joite
Satz/Layout: acts n' facts GmbH
Druck: Druckerei am Bärenzwinger GmbH, Berlin
ISBN: 3-9804681-0-0

„Die Kinder interessiert die Vergangenheit ihrer Eltern erst dann, wenn sie gestorben sind. Ich bedaure, meine Eltern so vieles nicht gefragt zu haben."

Sergei Apollonowitsch Schilkin 1995

Geneigter Leser!

Dr. Joseph Peck, ein bekannter, sich humoristisch - schriftstellerisch - betätigender amerikanischer Arzt, der Schöpfer des Bestsellers „Alles über die Männer“, vertrat die These, ein Mann müsse mindestens einmal heiraten, Nachkommen zeugen, ein Haus bauen, einen Baum pflanzen und ein Buch schreiben. Letzteres habe ich hiermit in bescheidenem Umfang nun auch noch getan.
Schon jetzt bedanke ich mich für Ihr Interesse an dem entstandenen Büchlein und hoffe, daß Ihnen die darin enthaltenen Geschichten gefallen. Sollen sie doch nichts weiter bewirken als mein verhältnismäßig langes, durch die Verbrämung der Vergangenheit sonnig erscheinendes Leben zu beschreiben. Im Vergleich zu anderen Biographien mag mein Leben besonders erlebnisreich sein, aber dennoch in vielem Ihrer Vorstellungswelt entsprechen.
Ich bitte um Verzeihung, daß ich so manches unerwähnt ließ oder die Dinge - mag sein - zu einseitig sehe. Allzu tiefem Eingehen auf zwischenmenschliche Beziehungen bin ich mit Rücksicht auf das Persönlichkeitstabu ausgewichen. Das entspricht wohl auch meiner menschenfreundlichen Grundeinstellung, der ich so manche unerwartete Zuneigung zu verdanken hatte.

Sergei Apollonowitsch Schilkin.

Sergei Apollonowitsch Schilkin

PROLOG

„Dum spiro spero“ - ließ mein Vater auf seinen Siegelring gravieren und versah das Schmuckstück mit der Jahreszahl 1915, dem Datum meiner Geburt. „Dum spiro spero“, oder hoffe, solange Du atmest.

Nicht erst seit dem Tage, an dem Vater mir den Ring vererbte, auf das ich sein Andenken und das meiner Mutter in Ehren halte, ist mir dieser Aphorismus zum Leitspruch des Lebens geworden. „Dum spiro spero“, mit diesem Satz, mag er manchem auch pathetisch klingen, verband sich meine Geburt.

Ich war ein Siebenmonatskind und dachte dementsprechend nur sporadisch daran zu atmen. Wahrscheinlich hatte ich es besonders eilig, das Licht der Welt zu erblikken, was meine Familie in Aufruhr und Panik versetzte. Ihr erstes Kind hatte meine Mutter schon kurz nach der Geburt verloren, und auch auf mein Überleben gaben die Ärzte keinen Pfifferling. Nur meine Eltern schrieben mich nicht ab und wachten ängstlich über meine schwachen Atemzüge. Es war die Zeit, in der Vater den Ring in Auftrag gab. Die Gravur „Dum spiro spero“ war dabei wohl eher moralisches Rüstzeug für ihn selbst. Denn eigentlich hoffte er, solange ich atmete.

Meine Lebensmaxime gab diesem Buch also seinen Namen. „Hoffe, solange Du atmest“, ist nicht etwa der Leitspruch eines Menschen, der anstatt um den Erfolg zu kämpfen, nichtstuend auf ein positives Schicksal gehofft hätte. Als solches bitte ich es auch nicht zu verstehen. „Hoffe, solange Du atmest“, soll nichts weiter beschreiben, als eine der elementarsten Voraussetzungen, die zum Leben nötig ist: der Glaube an die eigene Stärke.

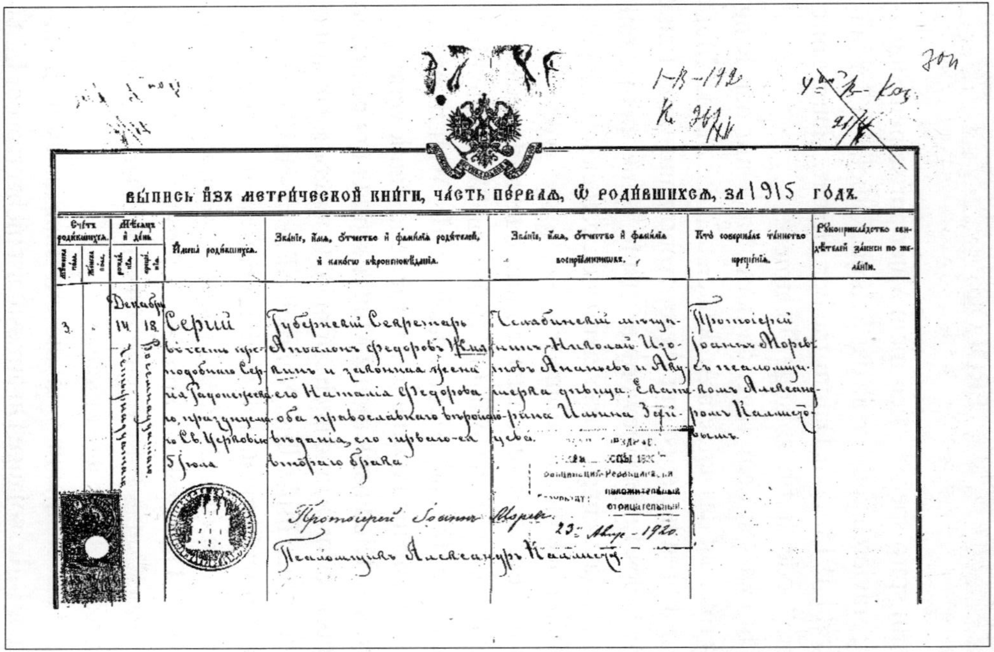

ВЫПИСЬ ИЗЪ МЕТРИЧЕСКОЙ КНИГИ, ЧАСТЬ ПЕРВАЯ, О РОДИВШИХСЯ, ЗА 1915 ГОДЪ.

Счетъ родившихся: Мужеска пола	Счетъ родившихся: Женска пола	Мѣсяцъ и день: рожденія	Мѣсяцъ и день: крещенія	Имена родившихся.	Званіе, имя, отчество и фамилія родителей, и какого вѣроисповѣданія.	Званіе, имя, отчество и фамилія воспріемниковъ.	Кто совершалъ таинство крещенія.	Рукоприкладство свидѣтелей записи по желанію.
3.		Декабря 14 Четырнадцатаго	18 Восемнадцатаго	Сергий въ честь преподобнаго Сергія Радонежскаго, празднуемаго Св. Церковію 5 іюля	Губернский Секретарь Аполлонъ Федоровъ Жилкинъ и законная жена его Наталія Федорова, оба православнаго вѣроисповѣданія, его перваго-ея втораго брака	Челябинский мѣщанинъ Николай Игоровъ Ананьевъ и Акушерка дѣвица Екатерина Ильина Зефусева.	Протоіерей Іоаннъ Моревъ съ псаломщикомъ Александромъ Калмыковымъ.	

Протоіерей Іоаннъ Моревъ.

Псаломщикъ Александръ Калмыковъ.

положительный / отрицательный

23. Авгус. 1920.

Meine Geburtsurkunde, ausgestellt am 20. Dezember 1915

Der Sturm bricht los

Ich war gerade drei Jahre alt, als sich im Leben unserer Familie so vieles veränderte. Gerade das richtige Alter, um zu „Verstand zu kommen“. Genau das richtige Alter, um mich an einiges zu erinnern. Schlimm sollte es werden. Schlimm und aufregend - doch was wußte ich damals von politischen Zuständen, von Lenin und Trotzki, von Revolution und Zar. Wichtig waren für mich, den dreijährigen Buben, das Spielzeugdampfschiff meines Freundes Jurka, das regelmäßig in den Fluten der Moika versank, das Einkaufen mit Babuschka oder die Spaziergänge mit Vater zum Denkmal Peters des Großen. Und die Pferde, die vor einem schönen Zweispänner die Nüstern blähten. Diese wunderbare Kutsche, die meinen Vater Apollon Fjodorowitsch des morgens zur Arbeit fuhr. Sie hatte ein Klappverdeck, und mein Vater zwirbelte den Schnurrbart, bestieg den feinen Wagen und ließ sich ins Büro der West-Russischen-Dampfschiffahrtsgesellschaft kutschieren.

Wir schrieben das Jahr 1918. In unserem Fluß, der Moika, lag plötzlich ein Kanonenboot der russischen Kriegsmarine. Es lag dort, wo mein Freund sonst seinen Blechdampfer sinken ließ; mit dem Bauch nach oben und klemmte zwischen den künstlichen Ufern des Flusses. Ich erinnere mich an einen Tag, an dem mich meine Babuschka und Natalja, meine Mutter, auf den Schwarzen Markt am

Newski Prospekt mitnahmen. Dort wurde alles verkauft, was man nur irgend brauchen konnte. Der Prospekt wimmelte vor Menschen. Doch während meine Mutter mit einem Marktschreier in Verhandlung war, ertönte plötzlich der Ruf „Kosakij, Kosakij!". Alles stob auseinander, in die nächsten Hauseingänge hinein. Ein Gewimmel aus flüchtenden, schutzsuchenden Menschen. Meine Mutter griff mich. Sie packte mich am Arm, und schon wurde auch ich in einen Hauseingang gezogen. Plötzlich: Kosaken! Die St. Petersburger Garde. Ihre goldenen Knöpfe blinkten an den dunkelgrünen Waffenröcken. Die graue Feldschapka tief ins Gesicht gezogen, ritten sie über den Markt und schlugen mit der Nagaika, einer Striemenpeitsche, auf alles was sich bewegte. Erst kamen sie von Süden, dann preschten sie zurück. Wieder passierte das gleiche. Hufe schlugen über das steinerne Pflaster. Lederpeitschen klatschten. Schreie, Rennen, Chaos. Ich weiß noch, wie ich mich wunderte: Leute, scheinbar gleichgültig und gelassen, blieben einfach stehen und ließen die Nagaikahiebe über sich ergehen. So, als wenn nichts gewesen wäre. So, als wäre die Horde herangaloppierender Kosaken überhaupt nicht vorhanden.

St. Petersburg: Ein laues Lüftchen - dann brach der Sturm los.

Rußland lebte weitgehend von der Landwirtschaft, aber der technologische Umbruch war in vollem Gange. Mein Vater Apollon arbeitete damals als „rechte Hand" des Generaldirektors Pjotr Petrowitsch Zelenow für die West-Russische-Dampfschiffahrtsgesellschaft. Als deren Angestellter gründete er mit Hilfe seines Bosses die Wodkafabrik „Schilkin". Fabriken gab es en masse. Es fehlten Leute, die sich zutrauten, etwas daraus zu machen. Schon bald erhielt Apollon Fjodorowitsch die Lizenz, den Hof Zar

Nikolajs beliefern zu dürfen. Bei Banketten und Empfängen, bei festlichen Anlässen und politischen Verhandlungen stand schon bald Schilkin-Wodka auf den Tischen des Winterpalais. Und wer weiß, wie oft sich nach anstrengenden Staatsgeschäften Nikolaj sto Gramm in die zaristische Kehle goß. Nun, seine russische Seele dürfte aus ihm gesprochen haben, als er uns, in Anerkennung für treue Dienste, einen seidenen Gobelin mit eingesticktem Familien-Bildnis schenkte. Babuschka rettete auf unserer späteren überstürzten Flucht den Teppich der Familie Romanow vor den Bolschewiki. Und nur ihr habe ich es zu verdanken, daß ich ihn auch jetzt noch besitze und er meine Erinnerungen anzustacheln vermag, als ginge es darum, mir die erste Jugendliebe vors geistige Auge zu rufen.

Wir bewohnten fünf Zimmer eines Hauses, dessen Treppenhaus ganz und gar mit Marmor ausgelegt war. Mein Kindermädchen Nanja begleitete uns auf die Datscha nach Rukawowo in Finnland. Doch wie schnell sollte all dies vorbei sein. Die kommenden Veränderungen waren praktisch zu riechen. Sie lagen in der Luft wie ein Regen oder Sturm, deren Aufbrausen man spüren kann. Apollon Fjodorowitsch ging einen Weg, der uns später das Leben retten sollte. Denn kaum war die Revolution im Gange, funkte Pjotr Petrowitsch Zelenow den zehn oder zwölf Schiffen seiner Gesellschaft - sie kreuzten damals auf allen Weltmeeren - und befahl ihnen, sich umgehend im Hafen von Liverpool einzufinden. Wie viele der Schiffe diesen Befehl mißachteten, ist mir unbekannt. Bekannt ist mir, daß fast die gesamte Flotte der West-Russischen-Dampfschiffahrtsgesellschaft in Liverpool verkauft wurde und mein Vater, als rechte Hand des Chefs Zelenow, einen beträchtlichen Anteil des Erlöses bei der Bank von England deponierte. Da Lenin und die Bolschewiki die bürgerliche Klasse als nicht tauglich für die Entwicklung und Durchsetzung des Kommunismus ansahen, somit Tausende verschleppt, schikaniert oder ermordet wurden, rettete uns dieser Deal das Leben.

Die aufkommende Inflation 1923 überstanden wir daher schadlos. In einer Zeit, in der Millionen Russen verhungerten und wir wegen unserer Klassenangehörigkeit keine Lebensmittelkarten erhielten, ernährten wir uns mehr schlecht als recht von Salzhering und Mais. Denn schon bald - im Frühjahr 1919 - war die Fabrik des ehemals zaristischen Hoflieferanten Apollon Fjodorowitsch verstaatlicht. Schon bald war er ein Dorn im Auge des „Roten Zaren" Lenin und seiner Gefolgschaft. Und ich, ein Jüngelchen, zart und schlank, begriff nicht, was da vor sich ging in diesen Tagen, die die Welt bewegten, verlor an Gewicht. Meine Rippen stachen hervor. Mein Gesicht fiel ein. Heute weiß ich, daß ich dem Hungertod ausgeliefert gewesen wäre, hätte nicht mein Vater Apollon die Weitsicht bewiesen, die ihn später noch tausendfach auszeichnen sollte.

Unser altehrwürdiges Haus am Ufer der Moika bekam plötzlich mehr Besuch, als ihm lieb sein konnte. Des Nachts schlugen Gewehrkolben gegen seine eichene Eingangspforte. Grölende Matrosen drangen in unser Haus und auch in mein Zimmer ein, plünderten und stahlen so manchen Gegenstand, der mir damals heilig war. Diese verwahrlosten Matrosen - die Patronengürtel über die Brust geschnallt, halb in Uniform und halb in Zivil - stanken nach Alkohol und raubten alles, was nicht niet- und nagelfest war. Welchen Zweck hätte es gehabt, sich ihnen entgegenzustellen? Oft schlossen wir die Tür nicht einmal ab. Welchen Sinn hätte es gehabt, sie am nächsten Morgen von schweren Gewehrkolben zertrümmert vorzufinden. Meist „besuchten“ uns zwei oder drei Leute, die sich als - an ihren roten Armbinden sollt ihr sie erkennen - „Rote Garde“ ausgaben. Ob sie den Bolschewiki tatsächlich angehörten? Wer will das sagen... Die Zeiten waren schlecht, und jeder mußte zusehen wo er blieb. Doch wo blieben wir? Unsere Einrichtungsgegenstände waren bereits auf ein Minimum reduziert. Unser Geld ging für Mais, Linsen und steifen Hering vom Schwarzmarkt drauf. Außer meinem Bruder Dima, der 1919 geboren wurde und deshalb als Bolschewik galt, erhielten weder meine Eltern noch ich Lebensmittelkarten. Meine Mutter drängte Vater, doch endlich etwas zu unternehmen, diesen „Selbstbedienungsladen“ schnellstens zu verlassen. Sie fürchtete um die Gesundheit ihres kleinen Serjoshinka, wie sie mich liebevoll nannte. Wer weiß, was passiert wäre, hätte nicht mein Vater Apollon einen Kommunisten seinen Freund nennen dürfen.

Schon kurz nach der Revolution stellte sich heraus, daß unser Hausmeister, ein freundlicher, bärtiger Mann - mit dem mein Vater des öfteren Wodka trank und Schach spielte - in die Kommunistische Partei eingetreten war. Als Parteimitglied war er Angehöriger eines Roten Komitees. Wofür es zuständig war, weiß ich heute nicht mehr. Überhaupt schossen solche Komitees sehr schnell aus dem Boden. So schnell, daß bald mehr von ihnen existierten als es Aufgaben für sie gab. Wie auch immer: Unser Hausmeister gehörte wohl einem der wichtigeren an und war faktisch über Nacht einflußreich geworden. Er nahm uns vor allzu hitzköpfigen Bolschewiken in Schutz. Er organisierte Essen für uns Kinder und er sorgte dafür, daß mein Vater weitgehend unbehelligt in St. Petersburg verkehren durfte.

Mein Vater (1. Reihe 4. v. l.) im Kreïse seiner Angestellten. (1918)

Zarte Erinnerung

Die Erinnerung an meine Eltern hege ich wie man ein zartes Pflänzchen hegt. Nicht daß meine Gedanken an sie zu verblassen drohten, doch die Liebe und Fröhlichkeit, die sie mir damals entgegenbrachten, erscheint mit heute so zärtlich und behütend, daß meine Erinnerung sich in ebensolchen Gefühlswelten bewegt. Meine Mutter war eine zierliche und feingliedrige Frau. Sie hatte ein feines Gesicht und wie mir schien, tiefe, ausdrucksvolle Augen, in denen die vielfältigen Nuancen der vielleicht typisch russischen Melancholie nicht fehlten. Was mich am meisten an ihr beeindruckte, war die unglaublich liebevolle Art, die sie uns Kindern, aber auch meinem Vater Apollon entgegenbrachte. Stets rief sie uns beim Kosenamen. Sogar mein Vater wurde von ihr Alljoscha gerufen. Und das, obwohl Alljoscha eigentlich der Kosename für Alexander ist, doch für den griechischen Namen Apollon wäre eine Koseform wohl unangebracht gewesen. Es gab also kaum eine Alternative. Zweifellos war sie von Geburt aus feinem Hause, gleichwohl hatte ihr das Schicksal schon arg mitgespielt. Ihre erste Ehe mit einem Landedelmann aus Nikolajwesk, namens Sagreb, verlief glücklos. Er war ein Nichtsnutz und Spieler. Irgendwann schob er Mamytschka nach London ab, um seinem Lotterleben ausgiebiger fröhnen zu können. Es kam zur Scheidung. Mamas Vater, ein Lebensmittelkaufmann aus Moskau, war früh an Diabetes verstorben; der Tochter blieb nichts anderes, als sich mit ihrer Mutter, meiner Babuschka, allein durchs Leben zu schlagen. Schließlich landete sie als Sekratärin des Chefs der West-Russischen Dampfschiffahrtsgesellschaft Zelenow in St. Petersburg, wo sie später meinen Vater kennenlernte. Den bis dahin größten Schock hatte sie jedoch erst später zu verdauen. Ihr erstes Kind, mein älterer Bruder, starb kurz nach seiner Geburt.

So fein und zerbrechlich meine Mutter auch heute auf mich wirken mag, so breit und kräftig habe ich Vater in Erinnerung. Er war ein echter Sibirier, ein Mann wie ein Baum und immer zu deftigen Späßen bereit. So korrekt wie er, wenn es um Geschäfte ging, sein konnte, so fröhlich und ausgelassen war er im Kreise unserer Familie und seiner Freunde. Oft spielte er in unserem Hause Mundharmonika und führte dabei, quasi synchron, übermütige Kosakentänze auf. Doch was ihn, wenigstens äußerlich, besonders auszeichnete, war seine typisch sibirische Nasenwurzel. Sie war besonders stark ausgeprägt, breit und kräftig und verlieh seinem Gesicht etwas wie Stärke. Das Gesicht eines Mannes eben, dem man unwillkürlich Respekt zollen mußte. Sein gezwirbelter, dichter Schnurrbart und seine stark ausgeprägten, buschigen Augenbrauen taten ein übriges. Gerade diese Augenbrauen forderten meine Mutter ein ums andere mal heraus. Man kann sogar sagen, sie fing an zu meutern. Ihrer Meinung nach sah Apollon Fjodorowitsch ganz und gar furchtbar aus, wenn dieser schier undurchdringliche Dschungel aus Haar über seinen Augen wucherte. Das Ergebnis, mein Vater war schließlich kein Unmensch, war der Kauf einer Haarschneidemaschine, die er, auf Teufel komm raus, zum

Herumschnippeln an seinen Brauen nutzten mußte. Dies führte wiederum dazu, daß er, statt der schönen sibirischen Haarpracht, nur noch zwei unmöglich aussehende Bürsten über den Augen trug.

Auf meinen Bruder und mich übte diese Maschine allerdings eine magische Anziehungskraft aus. Statt zum Friseur zu gehen und unser Geld für derartige Nichtigkeiten auf den Kopf zu hauen, versuchte ich mich heimlich als Barbier bei Dima und umgekehrt. Wir perfektionierten den Umgang mit der Haarschneidemaschine dermaßen, daß bald niemand mehr merkte, wer da wem die Haare geschnitten hatte. Die Summe unseres Taschengeldes erreichte ungeahnte Höhen. Die Brauen meines Vaters sind übrigens das schon von weitem sichtbarste Erbgut an mir. Noch heute verspüren viele Friseusen die Neigung, sie mir anstatt meines Haupthaares zu schneiden. Das kommt natürlich überhaupt nicht in Frage.

Das Schicksal von meines Vaters Familie kann man wohl tragisch nennen. Mein Großvater, der am Stadtrand Irkutsks einen Futtermittelgroßhandel betrieb, starb eines gewaltsamen Todes. Er war, wie übrigens auch mein Vater, ein leidenschaftlicher Lotteriespieler. Eines Tages, so wenigstens die Überlieferung meiner Eltern, zog er das große Los. Also bestieg er seinen Einspänner und machte sich auf in die Stadt, um seinen ansehnlichen Gewinn abzuholen. Nachdem er das Geld sicher in seiner Tasche wähnte, begab er sich des Glückes übervoll in seine Stammkneipe. Wahrscheinlich berichtete er zuviel und zu laut über sein vermeintliches Fortune, der Weg nach Haus führte ihn in den Tod. In einem Wäldchen wurde er von Unbekannten überfallen, erschlagen und beraubt. Den Bruder meines Vaters, ein trinkfester Soldat, ereilte ein ähnliches Schicksal. Als er, benebelt vom Wodka, auf seinem Posten einschlief, sperrte man ihn als Strafe in einen ungeheizten Karzer. Er erfror.

Blieb noch Babuschka, die Mutter meiner Mutter. Sie war die Seele unseres Hauses, wenn auch nicht sein uneingeschränkter Herrscher, wie es bei russsichen Familien normalerweise üblich ist. Mit meinem Vater verband sie zwar ein Gefühl der Fürsorge, nicht unbedingt jedoch der Herzlichkeit. Dabei erinnere ich mich besonders an eine Begebenheit, die für mich auch heute besonders bezeichnend ist. „Maria Fjodorowna“, sagte mein Vater eines Abends, als sich Babuschka wieder einmal besonders chic und kokett zum Mahle niederließ, „warum schlagen Sie im Kreise der Familie die Beine übereinander? Das soll ungesund sein. „Apollon Fjodorowitsch“, erwiderte meine Babuschka, „das ist meine Sache und geht sie überhaupt nichts an.“ Es war schon niedlich, wie sich die beiden mit fast kindlicher Beharrlichkeit weigerten, einander beim Vornamen zu nennen und sich kleine Spitzen gaben.

"... Ausdrucksvolle Augen, in denen die Nuancen der russischen Melancholie nicht fehlten ... " Meine Mutter Natalia im Jahre 1907.

"... spielte Mundharmonika und führte übermütige Kosakentänze auf. Wie ein echter Sibirier ..." Mein Vater Apollon im Jahre 1907.

Die Roten Zaren

Weihnachten 1920 machten die Bolschewisten Ernst. Eine neue bourgeoisiefeindliche Welle schwappte über das Land. Schon 1918 hatten die Bolschewiki in Jekaterinenburg, dann Swerdlowsk, den Zaren und mit ihm die gesamte Familie Romanow ermordet. Immer häufiger war es dort zu Sympathiekundgebungen der Bauern mit dem Zaren gekommen. Lenin reagierte: Er brachte Zar Nikolaj, Zarin Alexandra und die Kinder Olga (damals 23 Jahre), Tatjana (21), Maria (19), Anastasia (17) und Alexej (14) einfach um. Den Bauern sollte kein lebendes Symbol des Antikommunismus überlassen werden. Allein Anastasia sollte später noch einmal Schlagzeilen machen. Denn im Februar 1920 tauchte in Berlin plötzlich eine Frau namens Anna Anderson auf, die verblüffende Ähnlichkeit mit Anastasia besaß. Sie selbst gab sich später als die angeblich ermordete Zarentocher aus. Wie die Romanows ermordet wurden und ob jemand die Möglichkeit hatte, zu entkommen, wurde erst sehr viel später eindeutig geklärt. Anhand von Genuntersuchungen bewiesen deutsche und britische Wissenschaftler, daß es sich bei der angeblichen Tochter des letzten russischen Zaren in Wahrheit um die polnische Landarbeiterin Franziska Schanzkowski gehandelt hatte. Ich selbst hielt diese Anna Anderson schon immer für eine Hochstaplerin. Niemand konnte den Bolschewisten entkommen. Niemand

- schon gar nicht die Zarenfamilie Romanow! Und mein Vater war Wodka-Hoflieferant dieses Zaren Nikolaj. Wie sollte das enden?

Der Freund meines Vaters, der Hausmeister, der überzeugte Kommunist - dieser Mann nahm meinen Vater, als die politischen Zustände gar zu gefährlich und unser Leben in Gefahr zu sein schienen, zur Seite und sagte: „Apollon Fjodorowitsch, ich kann nichts mehr für Sie tun!“ Er sagte das unverblümt. „Nichts mehr für Sie tun“ hieß: Es war vorbei mit den „harmlosen“ Besuchen der Roten Garde. Es war vorbei mit der Lebensmittelkarte meines Bruders Dima. „Nichts mehr für Sie tun“ war gleichbedeutend mit Festnahme, mit Abtransport ins Gulag, mit Verhungern. Lenin, Trotzki und die Bolschewisten hatten beschlossen, keine Gnade walten zu lassen. Die Bürgerlichen wurden aufgegriffen, verhört und liquidiert - ausnahmslos. Wer nicht abtransportiert, nicht erschossen wurde, verhungerte wie Millionen Russen. Beim Hungertod machten die Genossen keinen Unterschied - es starben die Bourgeoisen wie die Arbeiter und Bauern. Der entscheidende Einschnitt in der Geschichte Rußlands, den ich nur in kleinen, allzu begrenzten Anekdoten meiner mich kindlich erinnernden Seele wiedergeben kann, war das Eintreten des Zarenreiches in den Ersten Weltkrieg.

Aus heutiger Sicht war es das Desaster des Mordens, das Rußland später in den Bürgerkrieg trieb und die Welt in zwei politische Systeme spaltete. Uns vertrieb es aus der Heimat. Zwar war der Sturm auf das Winterpalais der Wille der Revolutionäre, doch nie gab es einen Aufstand mit fliegenden Fahnen und Barrikaden.

Von der einst einflußreichen Generalität der West-Russischen-Dampfschiffahrtsgesellschaft blieb nicht viel übrig. Um der drohenden Verhaftung zu entgehen, setzten sich viele ins Ausland ab. (1914)

Dieser Sturm ist eine Legende - es wurde nie gestürmt. Warum auch, der Zar hielt sich zu dieser Zeit bei seiner Truppe auf. Nicht einmal die kaiserliche Familie bewohnte das Winterpalais, als der sogenannte Sturm der Bolschewiken losbrach. Es wurde nur von einem Kadettenkorps bewacht, das so gut wie keinen Widerstand leistete. Die russische Revolution war deshalb nie vergleichbar mit der Pariser Kommune.

Es war der Weltkrieg, der nationale Empfindlichkeiten mit revolutionären Energien paarte. Denn eines sollte man nicht vergessen: Die Arbeiter und Bauern, deren Söhne den größten Teil des russischen kämpfenden Heeres ausmachten, verteidigten nicht den Sozialismus - und strebte ihn schon gar nicht an - sie verteidigten Mütterchen Rußland.

Wer konnte es ihnen verdenken? Anfang des Jahres 1917 standen die deutschen Truppen vor Riga. Alles deutete auf einen raschen Marsch nach St. Petersburg hin. Doch anstatt die Truppen zur Beendigung des Krieges aufzurufen, wurde weiter gekämpft. Das Volk maulte - die wirtschaftliche Lage verschlechterte sich. Auch als Zar Nikolaj schließlich abdankte und Fürst Lwow Ministerpräsident des Russischen Reiches wurde, änderte sich die Lage nicht. Machtinteressen hatten den Vorrang vor Menschenleben. Und während die Bolschewiki und Sozialrevolutionäre um die Macht im Lande buhlten, starb das russische Heer im Gemetzel an der Front. Das Volk war unzufrieden, als Außenminister Pawel Miljukow auch unter den sogenannten Sozialrevolutionären noch zum Krieg gegen Deutschland stand. Es kam zu Tumulten. Noch im Mai 1917 trat Miljukow zurück. Nach wütenden Demonstrationen gegen Fürst Lwow übernahm schließlich Alexander Kerenski die Geschikke des russischen Volkes. Eine Aufgabe, die ihm über den Kopf gewachsen war. Denn seine politischen Gegner waren keine Geringeren als Lenin, Trotzki, Dzierzynski und Stalin. Besonders Trotzki, dessen Bildnis manche Studenten noch heute auf ihren Demonstrationen tragen, war wegen der Schärfe seines Verstandes, wegen seiner agitatorischen Fähigkeiten und seines militärischen Genies, ein Glücksfall für die nach Macht strebenden Bolschewiki. Denn als die deutschen Truppen auf St. Petersburg marschierten, gelang es allein Trotzki, die Armee noch einmal zu mobilisieren. Die Bolschewiken nutzten die Gunst der Stunde, die Macht im Lande zu übernehmen. Kerenski flüchtete eilig. Die Matrosen von Kronstadt, die treu auf der Seite Trotzkis standen, bezogen mit der „Aurora“, dem berühmten Panzerkreuzer, an der Newa Stellung. Ihr Signal, der Schuß mit blinder Munition, zum Sturm auf das Winterpalais, kam erst, als praktisch schon alles entschieden war.

Bei der „Großen Sozialistischen Oktoberrevolution“ floß kaum Blut und die Welt staunte, wie unklassisch die russischen „Barbaren“ sie zu Stande brachten. Der Nabel des russischen Reiches mit etwa 150 Millionen Einwohnern, hatte vor 10.000 Arbeitern und Bauern kapituliert.

Während der Revolutionsjahre bis 1923 sollten über 20 Millionen Menschen verhungern. Bauern, die sich gegen Zwangskollektivierungen wehrten, wurden erschlagen. Ihre Felder ließ man brach liegen. Die Kommunisten verstanden es, die Macht an sich zu reißen - von Etappe zu Etappe. Und eines Tages wurde erklärt: Jetzt haben wir die Diktatur des Proletariats. Die Sache war für Rußland gelaufen. Man kann das in etwa mit der Entstehung der DDR vergleichen. Auch wir haben nach dem

Krieg versucht, mit den Alliierten zusammen einen bürgerlichen Staat zu errichten. Ich würde aus heutiger Sicht sagen, daß ein Volk aus verschiedenen Schichten und Klassen besteht. Soll das nicht so sein, muß man die anderen Klassen liquidieren. Im Vergleich zur DDR wurden diese Klassen zwar zur Seite gedrängt, aber sie wurden erhalten. Beim Roten Zaren Lenin dagegen hatte das Killen der Bürgerlichkeit System. Trotzki hieb dabei in dieselbe Kerbe wie Lenin. Nur: Er machte ihm, und später Stalin, die alleinige Macht streitig. Das war der Hauptgrund, warum er damals erst in die Verbannung ging und dann ermordet wurde. Alles in allem weiß ich heute, daß das Zarentum nicht so schlecht war, wie man es heute noch - auch in bürgerlichen Kreisen - macht.

Familienidylle vor der bolschewistischen Revolution in St. Petersburg. Babuschka, Mutter, Vater und ich. (1917)

Bei Nacht und Nebel

Wir beschlossen zu emigrieren. Mein Vater Apollon Fjodorowitsch ließ seine Geschäftsverbindungen mit Schweden spielen, die er in der Zeit, da er noch für die West-Russische-Dampfschiffahrtsgesellschaft tätig war, geknüpft hatte. In einer Nacht-und-Nebel-Aktion besorgte er beim schwedischen Konsulat in St. Petersburg schwedische Pässe für unsere Familie. Angehörige des schwedischen Reiches wurden damals mit groß angelegten Transporten außer Landes gebracht. Unter falschem Namen und mit fremden Pässen sollten wir auf eine lange Reise gehen. Im März 1921 verließen wir das Land. Ich, Sergei Apollonowitsch, war der einzige der Familie Schilkin, der seinen Fuß wieder auf friedlichen russischen Boden setzten durfte.

Die Transporte führten zunächst nach Reval. Zwei Wochen fuhren wir - eigentlich standen wir mehr - durch die Lande. Zwei Wochen, in denen uns ein Güterwaggon zum vorläufigen Zuhause wurde. Sie kamen mir wie die Ewigkeit vor. Etwa 20 Menschen fanden in dem Waggon Platz. Acht Doppelstockpritschen dienten den Erwachsenen als Ruhelager. Wir, mein Bruder Dima und ich, machten es uns auf zwei riesigen Reisekoffern „bequem". In der Mitte des Wagens stand ein kleiner Kanonenofen. Später sollte ich mich an diese Szenen erinnern, als ich die Verfilmung von Boris Pasternaks „Dr.

Schiwago“ sah. Wir fuhren vorbei an riesigen Blumenfeldern. Noch heute kann ich mich an die hellen Wiesen erinnern. Wenn unser Zug gerade stand - und das tat er oft - sprangen wir über die Auen. Die Erwachsenen holten sich vom Lokführer heißes Wasser und brühten Tee. Wenn die Lok ihren grellen Pfiff ausstieß, war das das Abfahrtssignal. Wie eine Horde verrückt gewordener Ameisen sprangen wir dann auf, rafften unsere Sachen zusammen und bestiegen erneut den Zug. Wir waren gerettet. Wir verließen Rußland.

Dennoch grämten sich meine Mutter und die Babuschka. Mein Vater hatte, um uns nicht zu gefährden, eine andere Route eingeschlagen. Er war einfach zu bekannt. Wie leicht hätten ihn bolschewistische Grenzer erkennen können. Wie leicht hätte man ihn - und mit ihm auch uns - verhaften können. Wir wußten nicht, wo Apollon Fjodorowitsch jetzt war. Wir wußten nicht, ob er es schaffen würde.

Andere Mitglieder der Familie Schilkin hatten nicht das Glück, emigrieren zu können. Noch in den Jahren von 1918 bis 1922 begriffen sie nicht, daß der Verbleib in Rußland ihr sicherer Tod sein würde. Mein Onkel Pavel zum Beispiel, der Bruder meiner Mutter, wurde liquidiert. Oder die Schwester meines Vaters, meine Tante Olga: Sie wohnte in der Nähe von Irkutsk. Ihr Mann war in den Kriegswirren umgekommen. 1923, ich war schon lange in Berlin, erreichte uns ihr letzter Brief. Ich erinnere mich genau an seinen Inhalt: „Wenn ich mein Kühlein nicht hätte, wäre ich längst verhungert.“ Wenig später nahm man ihr auch dies Kühlein. Wir hörten nie wieder von ihr.

Noch sollten wir die schwere Zeit nicht überstanden haben. Jedoch: Wir hatten Rußland verlassen, waren unseren Häschern entwischt und hofften auf Vater. Wann würde er zu uns stoßen? Es konnte nur noch besser werden.

In Reval angekommen, wurde unser Leben wieder friedlich. Schon am Bahnhof staunte ich nicht schlecht über die weißen Sanitätswagen, die uns in ein Flüchtlingslager brachten, das uns - wenigstens vorläufig - zum neuen Zuhause wurde. Wenn ich sage „Flüchtlingslager", verbindet man damit im allgemeinen ein abgegrenztes Gebiet mit Drahtverhau und schmierigen Hütten. Weit gefehlt. Unser Lager war ein Schloß, ein Herrenhaus, einsam und ruhig gelegen. Mit Freitreppe und einer riesigen Wiese, die uns zum Spielen und Spazierengehen einlud. Doch was hatten wir davon? Wir standen unter Quarantäne und durften das Lager nicht verlassen. Nach unserer schweren St. Petersburger Zeit fühlten wir uns in Reval trotzdem wie im Paradies. Etwa zwei oder drei Wochen hielten wir uns hier auf. Solange, bis wir das Schiff nach Riga bestiegen, wo wir uns mit meinem Vater Apollon Fjodorowitsch treffen wollten.

Und wieder kam ich aus dem Staunen nicht heraus. Wieder sollten wir erwartet werden. Doch diesmal nicht von den schlohweißen Wagen des Roten Kreuzes, sondern von einer Limousine, wie ich sie vorher noch nie gesehen hatte. Gleich hinter den Kaimauern von Riga stand sie. Braun und über und über mit Messing beschlagen. Dieses Cabriolet, rechts und links mit breiten Trittbrettern versehen, spiegelte sich in der littauischen Mittagssonne. Das Reserverad, die Handbremse und die Hupe waren außen angebracht, die Polster des offenen Cabriolets mit braunem Leder bezogen. Auf dem Fahrersitz saß ein großer, schlanker Mann, das dunkelblonde Haar kurzgeschnitten und sorgfältig gescheitelt: Barkowski. Barkowski, einst Justitiar der West-Russischen-Dampfschiffahrtsgesellschaft, hatte sich - in weiser Voraussicht - schon 1918 aus dem St. Petersburger Staub gemacht und war schließlich in Riga gelandet. Hier betrieb er eine anscheinend sehr gut gehende Anwaltskanzlei. Jetzt stand er am Kai, wartete und lächelte. Woher er von unserer Ankunft gewußt hat? Mir bleibt es bis heute ein Geheimnis. Denn nicht einmal wir konnten damals unseren genauen Ankunftstag in Riga voraussagen. Es bleibt nur eine Erklärung: Mein Vater steckte dahinter und hatte - wie immer - nichts dem Zufall überlassen. Barkowski fuhr uns - mit offenem Verdeck - in die Stadt hinein. Wir wohnten bei ihm, und ich verbrachte die folgende Zeit damit, am Strand spazieren zu gehen, Sandburgen zu bauen und - natürlich - auf die Ankunft meines Vaters zu warten. Wieder mußte ich mich in Geduld üben. Und obwohl meine Mutter und Babuschka die Sorge und Angst um Apollon Fjodorowitsch von mir und Dima fernzuhalten versuchten, erinnere ich mich, wie sich die beiden Mut zusprachen und wie sie einander trösteten. „Wie mag's dem Papa bloß gehen ...?“

Eines Morgens war er plötzlich da. Er stand im Raum, als wenn nichts gewesen wäre. Als hätte er sich eben aus seinem Bett erhoben und freute sich aufs Frühstück. Schon in der Nacht mußte er gekommen sein, so daß ich das ganze herzliche Empfangszeremoniell zwischen ihm und meiner Mutter verpaßt hatte. Er drückte mich und Dima an seine breite Brust, streichelte uns und wir wußten: „Jetzt konnte nichts mehr schiefgehen“. Wir waren wieder beisammen. Von seinen Reiseerlebnissen hat Vater nie etwas erzählt. Heute ist es zu spät, danach zu fragen.

Wir hatten nur auf das Auftauchen meines Vaters gewartet, um Riga wieder verlassen zu können. Nach den strengen russischen Wintern in St. Petersburg, nach all den Turbulenzen der Revolution, sehnten wir uns in ruhigeres Fahrwasser. Wir lechzten nach Sonne und mildem Klima - mein Vater hatte den Kopf voller Pläne. Er überlegte nur kurz und beschloß, sich einen lang gehegten Traum zu erfüllen. Der Traum hieß Frankreich, unser Ziel war Nizza. Wie man am besten nach Nizza kommt? Ganz einfach: über Deutschland. Das Schicksal legte uns Berlin in den Weg.

Zwischen allen Fronten

Im Deutschland der zwanziger Jahre war die politische Situation nicht minder unruhig als in Rußland. Die erste deutsche Republik hatte gerade das morsche Kaiserreich abgelöst. Wilhelm II. hatte sich ins belgische Spa abgesetzt und Prinz Max zu Baden das Amt des Reichskanzlers an den Sozialdemokraten Friedrich Ebert abgegeben. „Es lebe die deutsche Republik“, hatte Reichspräsident Philipp Scheidemann ausgerufen. Einige Stunden später proklamierte Karl Liebknecht die „freie sozialistische Republik“. Die sozialdemokratische Regierung fand sich inmitten monarchistisch gesinnter Generäle und bolschewistisch eingestellter Arbeiter wieder. Der Traum Deutschlands von einer Großmachtstellung in der Welt schien ein für allemal ausgeträumt und meine neue Heimat hatte als Sündenbock für den verlorengegangenen ersten Weltkrieg herzuhalten. Auf der einen Seite probten bolschewistische Arbeiter den Aufstand, auf der anderen wollte die konservative Obrigkeit zurück zur Monarchie. Hunger und Arbeitslosigkeit griffen um sich und der Bürgerkrieg drohte, wenn er in einigen Gebieten nicht schon in vollem Gange war.

1918 ließ Ebert die Reichswehr gegen revolutionäre Berliner Arbeiter los, im Frühjahr 1919 wurden Massendemonstrationen in Berlin, Sachsen, Thüringen, Hamburg und dem Ruhrgebiet brutal niedergeschlagen.

Die Nationalversammlung war in Weimar zusammengetreten, um die Zukunft des ehemaligen Deutschen Reiches zu sichern. Mit humanistischen Ideen war man angetreten, preußisches Großmachtstreben sollte der Vergangenheit angehören. Besonderes Augenmerk galt jedoch dem Abschluß des Friedensvertrages mit den Aliierten. Die „nationale Schmach", Reparationszahlungen in Milliardenhöhe und Gebietsabtretungen im Osten des Landes, standen unmittelbar bevor. Widerstand schien unsinnig, lief doch Deutschland Gefahr, von den Siegern des Krieges, vor allem Frankreich und England, besetzt zu werden. Deutschland sollte die Kriegskosten der Siegermächte erbringen - das jedenfalls war die öffentliche Meinung. Als es jedoch um die im Friedensvertrag ebenfalls verankerte Verringerung des Heeres ging, machten die monarchistischen Kreise nicht mehr mit. Der deutschnational eingestellte Verwaltungsjurist Wolfgang Kapp lief mit rechtsradikalen Freikorps und Teilen der deutschen Reichswehr dagegen Sturm. Es kommt zum sogenannten „Kapp-Putsch". Die Regierung flieht nach Stuttgart, die Armee sieht tatenlos zu. Doch der Putsch scheitert an der mangelnden Unterstützung der Bevölkerung. Kapp stößt ins Leere. In den Ruhrmetropolen brach darauf der Bürgerkrieg aus. Auf Betreiben der KPD entstanden rote, revolutionäre Kampfverbände. Die Reichswehr marschierte abermals - wieder siegreich. Deutsche kämpften gegen Deutsche. Es floß ausschließlich deutsches Blut. 1922 wurde Reichsaußenminister Walther Rathenau auf offener Straße ermordet. Die Tat fand öffentlichen Beifall aus konservativen Kreisen. Schon vorher hatte man auf den Straßen gebrüllt: „Schlagt tot den Walther Rathenau, die gottverdammte Judensau". Neben den innenpolitisch anarchistischen Zuständen spitzte sich auch die außenpolitische Lage Deutschlands zu. Da die fälligen Reparationszahlungen an Frankreich ausblieben, besetzten diese die Rheinhäfen in Düsseldorf, Duisburg und Ruhrort. 226 Milliarden Goldmark sollen zunächst an die siegreichen Kriegsalliierten gezahlt werden. Später gehen Franzosen, Amerikaner und Engländer auf 132 Milliarden herunter. Weite Teile Oberschlesiens, besonders der wirtschaftlich so wichtige Raum um Kattowitz und Lublinitz mußten von Deutschland abgetreten werden. Der damalige Reichskanzler Wirth kann nicht anders, er muß auf das Diktat eingehen. Deutschland wirtschaftlich abhängig und militärisch berechenbar zu machen, ist das erklärte Ziel der einstigen Kriegsgegner. Dafür wird ein völlig zerrüttetes Deutschland in Kauf genommen. Als Reichskanzler Wilhelm Cuno 1922 und ´23 auf Konfrontationskurs mit Frankreich geht, nehmen die Franzosen das Ruhrgebiet als „produktives Pfand“. Die Besetzung des wirtschaftlich wichtigsten Teiles Deutschlands beschwört abermals einen Bürgerkrieg herauf. Erst mit der neuen Reichsregierung unter Gustav Stresemann kommt es von beiden Seiten zu einem Einlenken. Doch es ist schon fast zu spät. Die Inflation schreitet unaufhaltsam voran. Viertausend Reichsmark muß man im Jahre 1922 am Bankschalter lassen, um nur einen Dollar zu erwerben. Der Tagesverdienst eines Arbeiters ist gerade so hoch, um sich ein Pfund Margarine zu leisten.

Das war also das Land, in das wir uns nach unserer Flucht aus Rußland begaben. Es war nicht weniger chaotisch als mein eigentliches Heimatland. Auch für Vater, der ein ausgesprochener Anhänger der Monarchie war, war Deutschland ein mehr als unsicheres Exil. Aber Berlin sollte - so wenigstens war sein Plan - sowieso nur die vorübergehende Station auf einem langen Weg sein. Eines jedoch schien zwar nicht meinen Eltern, so aber doch meiner entfernteren Familie von Bedeutung zu sein. Im April 1922 schloß Deutschland mit der Sowjetunion den Vetrag von Rapallo. Ein Vertrag - anders als der Knebelvetrag mit Frankreich, England und den USA - zum gegenseitigen Vorteil. Deutschland wurde aus der Isolation herausgeführt und die Bolschewisten unter Lenin auch international hoffähig gemacht. Rathenau vereinbarte mit dem sowjetischen Außenminister Tschitscherin den Verzicht auf eine Entschädigung für militärische und zivile Kriegsschäden. Darüber hinaus verpflichtete sich Deutschland auf eine Vergütung des in Rußland verstaatlichten deutschen Vermögens.

Nun hatte mein Vater sein Vermögen in Pfund Sterling bereits sicher bei der Bank von England angelegt und die Inflation, die in großen Schritten vom Lande Besitz ergriff, nicht zu fürchten. Doch für meine Tante, die bereits einige Monate eher als wir vor den Bolschewisten nach Berlin flüchtete, war dieser Vertrag wie ein Griff - so bitter es klingt - ins Glück. Alle Reichsangehörigen bekamen - so wurde es wohl in der Nationalversammlung festgelegt - eine finanzielle Wiedergutmachung für Deutsche, deren Angehörige Opfer des ersten Weltkrieges wurden.

Meine Tante hatte einen in Moskau geborenen Deutschen namens Viktor Fischer geheiratet und war somit selbst zur Reichsdeutschen geworden. Dieser Viktor Fischer sollte sich bei Beginn des Ersten Weltkrieges bei der Reichswehr melden. Auch er mußte, wie alle Deutschen, der allgemeinen Wehrpflicht Genüge tun. Viele der in Rußland lebenden Reichsdeutschen konnten sich nun wahrlich etwas besseres vorstellen, als für ihr Vaterland, in dem sie ja nicht einmal lebten, in den Krieg zu ziehen. Mein Onkel blieb also in Rußland und entzog sich seinem Armeedienst - eine tragische Entscheidung. Denn kurz nach Beginn des Krieges wurden alle Staatsangehörigen des Kriegsgegners verhaftet und in Internierungslager verbannt. Auch meinen Onkel Viktor traf es. Wir wähnten ihn in einem Lager nahe Nikolajewsk. Von dort kam er nie wieder. Meine Tante setzte sich mit ihren drei Kindern darauf schnellstens nach Berlin ab. Nur hier versprach sich die völlig mittellos gewordene Frau Schutz vor den Bolschewiken.

Als auch unsere Familie in Berlin eintraf, besuchte ich sie einmal mit meiner Mutter in einem Flüchtlingslager in Wünsdorf. Ich war schockiert. Seit 1920, also seit fast zwei Jahren, lebte meine einst wohlhabende Tante in einer Barackensiedlung. Jede Familie bewohnte einen kleinen Teil der karg eingerichteten Räume. Das Revier jeder „Mietpartei“ war mit großen Decken notdürftig abgegrenzt. Ein Teil der dort lebenden Frauen - ihre Männer waren fast ausnahmslos in Internierungslagern umgekommen - waren von Geburt an Deutsche, der andere Teil hatte Männer mit deutscher Staatsangehörigkeit geehelicht. Das Lager war übervoll - und es war nicht das einzige. Alle warteten auf ihre Abfindung.

Erst sehr viel später bekam meine Tante dann das Geld. Es waren etwa 20.000 Reichsmark. Sie kaufte sich ein Häuschen in Berlin-Lichtenrade. Ihre Existenz war gesichert, doch ihren Mann konnte ihr niemand mehr zurückbringen.

Deutschland - nur eine vorübergehende Station auf unserem langen Weg? Vater (re.) mit einem Geschäftsfreund vor dem Berliner Reichstag. (1922)

Fredericus Rex

Im Juni 1921 sah ich Berlin zum ersten Mal. Die Reichshauptstadt war damals ohne weiteres mit St. Petersburg zu vergleichen. Beide waren sie Städte von Welt. Es gab nur einen Unterschied: Während in St. Petersburg noch Pferdedroschken als Taxi dienten, fuhr in Berlin schon der Hanomag. Er war so klobig, viereckig und hoch, daß die Herren nicht einmal den Zylinder abnehmen mußten, wenn sie ihn bestiegen.

Daß wir nach unserer Ankunft am Schlesischen Bahnhof auch hier wieder abgeholt wurden, versteht sich von selbst. Diesmal gab sich „Immobilienhai" Knust die Ehre. Er handelte mit Grundstücken und Häusern und war irgendwie ein unglaublich cleverer Mann. Knust kam mit seinem Dolmetscher und sprach Vater, den er nie zuvor gesehen hatte, noch auf dem Bahnhof an. Was will schon einer, der mit Immobilien handelt? Er will Häuser verkaufen! Warum Knust gerade uns aussuchte und wer ihn von unserer Ankunft informiert hatte, ist mir - wieder einmal - ein Rätsel. Doch bevor er Vater eine Fünf-Zimmer-Rohbau-Villa in Karlshorst anbot, chauffierte er uns in das „Hotel Alexander". Ein Zufall?

Das „Hotel Alexander" befand sich in der Kleinen Alexanderstraße und diese liegt bekanntlich direkt am Alexanderplatz. Da drängen sich Vergleiche auf. Erstens ist Alexander ein russischer Name, und zweitens war Apollon Fjodorowitsch ehemaliger Hoflieferant des russischen Zaren Nikolaj. Dieser wiederum war kein Geringerer als der, dessen Vater und Großvater Alexander geheißen hatten, dessen Frau Alexandra hieß, und dessen jüngster Sohn Alexej getauft wurde. Aber wie gesagt: Dieser Knust war unheimlich clever!

In diesem Hotel wohnte es sich herrlich. Man las uns jeden Wunsch von den Augen ab. Ich erinnere mich genau an das Hotelrestaurant mit seinem gebohnerten Parkettfußboden - überhaupt bekam ich schnell mit, daß Deutschland nach Bohnerwachs roch - mit seinen runden Tisch-chen und samtenen Stuhllehnen. Ich erinnere mich an die bräunlichen Dampfbrötchen, die mir die Kellner zum Frühstücken servierten. Ihr Teig war mit Milch angerührt und sie dufteten einfach köstlich. Und noch etwas habe ich dem „Hotel Alexander“ zu verdanken: Ich entdeckte meine Liebe zum Wiener Schnitzel. Nur meiner Babuschka hing die Hotelatmosphäre zum Halse heraus. Ihr größtes Problem: Sie durfte keine Kohlsuppen mehr kochen. Ein Umstand, unter dem sie sehr litt. Mit ihr mußten sich herzzerreißende Szenen abgespielt haben - so genau weiß ich das nicht, weil ich mit Dima über gebohnerte Parkettfußböden tobte - denn eines Tages brachte ihr mein Vater einen überdimensionalen Spirituskocher als Geschenk. Damit kochte Babuschka so lange Kohlsuppe, wie es ihr gefiel. So lange, bis dem Geschäftsführer des Hotels auffiel, daß es im Hause nach „armen Leuten“ rieche und daß er dies auf gar keinen Fall dulden könne. Vater versprach er, daß die Köche des „Hotels Alexander“ selbstverständlich auch russische Speisen zuzubereiten verstünden, und daß sie Babuschka jeden Wunsch, sei er auch nur Kohlsuppe, erfüllen würden. Ob dieser Geschäftsführer tatsächlich nicht wußte, daß das Selbstkochen der Sinn einer guten Kohlsuppe ist? So tragisch die Geschichte für meine Babuschka auch sein mochte, ich glaube nicht, daß sie der Grund war, weshalb mein Vater auf das Angebot des Immobilienmaklers Knust einging, ein Haus in Karlshorst zu kaufen.

Dies Haus in Karlshorst an der Güntherstraße 9 war das letzte am Platze. Dort, wo sich heute Neubaublöcke recken, erstreckten sich 1921 Wiesen und Sand. Ideal für uns russische Knirpse zum Spielen und Herumtollen. Wir bezogen das Haus, als es noch unmöbliert war. Nur eine Zentralheizung hatte es damals schon. Der Heizungskessel im Keller war von solch monströsen Ausmaßen, daß mir heute noch schwindlig wird, wenn ich nur daran denke.

Wir teilten unser neues Domizil mit der Wirtschafterin, einer Schwedin namens Boström und Elchen, einem russischen Kosaken, der sich bei uns als Hausdiener verdingte. Elchen, wir nannten ihn so - wie er wirklich hieß, weiß ich nicht mehr - war ein Teufelskerl. Seine Schlafstelle hatte er im Keller, nahe des großen Heizungskessels, zugewiesen bekommen. Während des Winters war seine vornehmliche Aufgabe, das Haus warmzuhalten. Ein Glücksfall für uns Kinder. Denn aus dem Sperrholz, was er nicht zum Heizen verwandte, schnitzte er uns die tollsten Puppenmöbel. Irgendwann mußte uns Elchen jedoch verlassen. Mein Vater, der oft geschäftlich unterwegs war, wollte ihn nicht mit uns und den Frauen des Hauses allein lassen. Er vermittelte ihm Arbeit in einem Pferdegestüt. Vater hatte seinen Traum von Nizza noch nicht ausgeträumt. Doch alte Freunde, die er in Berlin hatte, und neue, die er schnell für sich gewann, machten ihm die Entscheidung, Berlin zu verlassen, schwerer und schwerer.

Da war zum Beispiel Oberst Prochochow. Ein uriger Typ, der - entgegen aller russischen Mode und Gewohnheit - keinen Kinnbart trug, sondern einen kleinen, englischen Schnauzer. Dieser Prochochow imponierte mir sehr. Nicht nur, weil er einst Mitglied der Zarengarde war, sondern vor allem, weil er wie kein anderer Wodka zu trinken verstand. Beschlossen die anderen, das Wodkatrinken, weil es mehr als genug war, einzustellen, verlangte Prochochow nach einer neuen Flasche, ohne daß auch das Leeren dieser ihm etwas angehabt hätte. Und noch eine andere Sache zeichnete ihn aus: das Essen von Sakuska (zu deutsch Beihappen). Wir Russen brauchen beim Trinken immer eine Kleinigkeit zu essen. Unsere Sakuska war damals ein in Tomatensauce eingelegter Hering. Während sich unsere Gäste regelmäßig zu benehmen wußten, Kopf und Schwanz fein säuberlich abtrennten, die Mittelgräte herausnahmen und den Hering zerlegt und in kleinen Stücken genußvoll verspeisten, nahm Oberst Prochochow den Hering zwischen Daumen und Zeigefinger und aß ihn am Stück, als wäre es eine Salzstange. Übrigens tat er das mit nicht weniger Genuß. Diese Art des Heringessens hat mir damals ungeheuer imponiert. Ich hatte nie den Mut, ihm dies nachzumachen.

Ein anderer Freund war der Russe Lawrentiw. Lawrentiw hatte ein Auge - eigentlich war er mit Leib und Seele verliebt - auf meine Tante Nina geworfen. Was er aber am besten konnte, waren die französischen Kommandos zur Polonaise. Man muß wissen: Zu jeder Polonaisenfigur gab es einen Befehl. Stimmten diese

Anweisungen nicht, schwirrten die Tänzer durcheinander wie in einer modernen Hip-Hop-Disco. Nur: Was heute als „in“ und „chic“ gilt, glich damals einem Desaster. Deshalb war Lawrentiw der wohl beste Zeremonienmeister aller Zeiten. Was die Sache mit meiner Tante Nina betrifft: Er war ihr zu sehr Lebemann. Aus der Liebe wurde nichts. Irgendwann ging Lawrentiw nach Shanghai, um eine Anwaltskanzlei zu eröffnen.

Und dann war da noch der Reichsdeutsche Fricke. Er hatte mit meinem Vater bei Kunst & Albers in Wladiwostok die kaufmännische Lehre absolviert und sprach sein Deutsch noch immer mit russischem Akzent. Dieser Fricke brachte es schließlich auf den Punkt: „Apollon Fjodorowitsch“, sagte er, „ was wollen Sie eigentlich in Nizza? Französisch können Sie nicht, Freunde haben Sie nicht und die Sonne dort haben Sie bald über - bleiben Sie hier in Berlin!“

Was meinen Vater Apollon Fjodorowitsch außerdem noch mit seinen Freunden, den Wahlberlinern, verband, war die Mitgliedschaft in der Freimaurerloge. Jener Loge also, die sich im 17. Jahrhundert auf naturphilosophisch-mystischer Basis gegründet hatte und die später für Toleranz und eine der Menschenwürde verpflichteten Geisteshaltung eintrat. Mein Vater war Mitglied der Berliner Emigrantenfreimaurer, der „Großloge zu den drei Weltkugeln“.

Freimaurer: Wie der Name schon sagt, betrachteten sich die Mitglieder dieser Logen als Erbauer einer neuen Welt. Symbole spielten hier eine ganz besondere Rolle. Erkennungszeichen dieser „Maurer“ war eine kleine Schürze, ein Miniaturzirkel und ein Winkel, die die

Logenmitglieder an der Uhrenkette trugen. Der „Meister vom Stuhl“, Chef der jeweiligen Geheimloge, trug als Abzeichen einen Hammer. Die Religion der Freimaurer ist die Natur. Die Natur stellt ihnen all das, an was sie glauben. Die Natur ist für sie Gott. Während der NS-Zeit wurden die Freimaurerlogen dann verboten und aufgelöst - wegen Geheimbündelei!

Doch die Mitgliedschaft meines Vaters in der „Großloge zu den drei Weltkugeln“ trieb auch lustige Früchte. Wenn Apollon Fjodorowitsch sich am Abend in seinen schwarzen Frack schmiß, um zum Treffen der Freimaurer zu gehen - übrigens eine Sache, die ihn in geschäftlicher Hinsicht unglaublich weiterbrachte - kehrte er immer mit neuen Liedern heim. Eines davon: „Fredericus Rex, unser König und Herr“. Der Russe Apollon Fjodorowitsch wurde der wohl größte Fan von Preußenkönig Friedrich dem Zweiten. Der Grund ist einfach: Auch Friedrich war in seiner Zeit Freimaurer - ein Umstand, den mein Vater nicht genug preisen konnte.

Heute wird Freimaurerei oft mit mystischen Unheimlich-keiten verbunden. Das mag an den vielen Symbolen oder an „geheimen“ Zusammenkünften der Freimaurer liegen. Fakt ist: Die „Loge zu den drei Weltkugeln“ war nichts weiter, als ein Club mit handverlesenen Mitgliedern. Nichts an ihm war geheim, nur dort hineinzukommen war für den „Normalbürger“ fast unmöglich. Apollon Fjodorowitsch hatte der Loge freilich noch viel mehr zu verdanken. Nicht nur, daß er dort Menschen mit ähnlicher Gesinnung wie der seinen traf, auch mancher nützliche Kontakt wurde hier geknüpft. Die Familie Schilkin kannte in Berlin so gut wie niemanden, aber Vater brauchte einen Kreis, der ihn wirtschaftlich förderte.

Später sollten wir, die Russen in Deutschland, mit der Hilfe eines der Logenmitglieder die Gewerbegenehmigung für unsere Wodkafabrik bekommen.

Bis dahin stieg Vater in das Im- und Export-Geschäft mit Bulgarien ein. Ein alter Freund aus St. Petersburger Zeiten hatte sich aus Paris gemeldet: Zelenow. Der ehemalige Chef der West-Russischen-Dampfschiffahrtsgesellschaft setzte meinen Vater als Firmenrepräsentanten in Sofia ein. Dabei war er besonders für den Handel mit Eiern und Karakul-Fellen zuständig. Bis 1928 verbrachte Vater deshalb die meiste Zeit in Sofia und war deshalb nur einige Monate bei uns in Karlshorst. Erst 1928, zum großen Börsenkrach, schloß Zelenow seine Im- und Exportfirma und Vater kam wieder nach Hause.

Spielereien

Für mich verging die Zeit wie im Fluge. Nach nur einigen Wochen in Berlin konnte ich bereits (fast) perfekt berlinern. Nur mit der deutschen Grammatik haperte es. Aber die wird beim Berliner Dialekt ohnehin wenig gebraucht. Was gingen mich die Fälle an? Ich konnte mich mit meinen Spielgefährten - den Berliner Gören - verständigen. Das reichte.

Meine Eltern sahen das freilich ganz anders, denn sobald ich nur eine Zeile in Deutsch zu Papier bringen sollte, wurde aus meiner so wunderbar erlernten Sprache ein Desaster ohne gleichen. Kein Zweifel: Diese deutsche Sprache war grausam. Deshalb schickten mich meine Eltern zu Ostern des Jahres 1922 auf eine Karlshorster Privatschule. Die Schule war eine Villa in der Prinz-Oskar-Straße, der heutigen Müritzstraße, die von zwei Schwestern, den d'Heureuses, bewohnt wurde. Beide waren sie Französinnen, wahrscheinlich Hugenotten, die sich der Erziehung von Kindern gewidmet hatten. Meinen ersten Tag bei Fräulein d'Heureuse verbrachte ich damit, Kreise bunt auszumalen.

Natürlich hatte ich auch allerlei Blödsinn im Kopf. Da ich damals zu jung war, um der Freischar beitreten zu können, gründete ich selbst einen kleinen Verein. Den Anfang machte das Soldatenspiel. Wir saßen auf der Wiese oder im weißen Sand hinter dem Haus und trieben allen Schabernack, den man sich nur vorstellen konnte. Nun war das Soldatsein aber keine einfache Sache. Das ganze Marschieren und Exerzieren konnte einem nach einer bestimmten Zeit schon gehörig auf die Nerven gehen. Was wundert es da, daß mir das Heranziehen von jungen Rekruten so manche Schwierigkeiten bereitete. Ich konnte tun was ich wollte, meine Streitmacht besaß nicht einmal Kompaniestärke. Das verdroß mich dermaßen, daß ich beschloß, meinen potentiellen Rekruten kleine Anreize zu geben, um sie in meine Armee zu locken. Aus Schulheften - meine Einschulung stand unmittelbar bevor - bastelte ich die schönsten Schulterstücke, klebte gold- und silberfarbenens Papier auf sie und hoffte, daß meinen Soldaten somit eine gewisse Echtheit attestiert werden würde. Tatsächlich, es funktionierte. Die Kinder aus meiner Umgebung waren von den Schulterstücken dermaßen angetan, daß bald jedes eines der Rangabzeichen an seinem Anzug tragen wollte. Meine kleine Kompanie wuchs zu einem starken Heer heran.

Wahrscheinlich besaß ich schon damals so etwas wie eine Gründermanie, denn das organisierte Soldatenspiel mit den anderen Karlshorster Steppkes reichte mir schon bald nicht mehr aus. Ich hob den FSCK, den „Freien Sportklub Karlshorst" aus der Taufe. Meine Eltern unterstützten die jeweiligen Pläne fast immer. Vater kaufte mir und den anderen 25 Klubmitgliedern einen Barren und richtete auch unsere Vereinsfeste aus. Nur einmal wurde es ihm zu bunt. Ich hatte meine kleinen Freunde samt ihrer Eltern zu einer Fete anläßlich unseres Vereinsjubiläums in unseren Garten gebeten. Es gab Limonade und reichlich zu essen. Während sich die Erwachsenen miteinander unterhielten, tobten wir Kinder auf der Festwiese herum. Die Stimmung war ausgelassen und wir jauchzten und kampelten durch den von Mutter peinlich gepflegten Garten. Plötzlich stand mein Vater auf der Treppe, welche von der Wiese ins Haus führte und machte mir eine merkwürdig verschlagen wirkende Miene. In seinen Händen hielt er unser altes Grammophon. Schon leierte er es an und die ersten krächzend knisternden Takte eines Walzers ertönten. Nunmehr ermutigte er sowohl die Kinder als auch deren Eltern, sich bei ihm einzuhaken. Wenig später lief eine ansehnliche Menschenschlange laut singend und übermütig, kreuz und quer durch unseren Garten. Vater immer vorneweg. „Rosen aus dem Süden", so der Titel des Liedes, wurde wohl einige Male wiederholt. Doch plötzlich ging Vater, der die Polonaise anführte, schnurstracks auf unser Gartentor zu, öffnete es und führte die ausgelassene Menschenmenge hinaus auf die Straße. Als auch der letzte meiner kleinen Freunde mit seinen Eltern den Garten verlassen hatte, stellte er das Grammophon auf einen Zaunpfeiler, verabschiedete sich freundlich und schloß die Gartentür. Alle Anwesenden komplimentierte er auf diese originelle Art und Weise hinaus - wie der Rattenfänger von Hameln.

Für einen Knirps meines Alters bestand die Welt fast ausnahmslos aus Karlshorst. Damals schien es mir wie der Aufbruch in ein großes, weites Abenteuer, wenn ich mit meinen Eltern nur einen Bummel durch die Friedrichstraße unternahm. So ist mir vom Berlin der zwanziger Jahre nur wenig Erinnerung geblieben.

Da gab es zum Beispiel eine Passage, die direkt von der Friedrichstraße zu der Straße Unter den Lin-

den führte. Das Leben, welches sich dort abspielte, das bunte Gewimmel der Leute, die an mir vorüberzogen, beeindruckte mich mächtig. Da waren kleine Cafés und Restaurants, aus allen Ecken drang Musik und der Duft frischer Backwaren. In einem Schaufenster stand eine Musikkapelle aus geschnitzten Figuren. Für einen Groschen hob ein Männchen die Flöte und setzte die ersten Töne an. Es folgten die Geige, die Harfe, die Pauke und schon bald spielte das Orchester die wunderbarsten Melodien. Das hatte ich noch nicht gesehen. Ich war höchst beeindruckt. Ein anderes waren die vielen kleinen Schaukästen, die überall postiert waren. Man steckte Geld in einen kleinen Messingschlitz und bekam ein Bild zu sehen
- manchmal auch mehrere - und einige Male wohl auch einen richtigen kleinen Film.

In einem der Läden bestellte Vater seine Zigaretten. Er rauchte ausschließlich Papirossi, diese echt russischen mit dem Pappmundstück. Meist bestellte er gleich 20 Stück von den schönen blauen Hunderterpackungen. Der Verkäufer saß stets in dem großen, hellausgeleuchteten Schaufenster und stopfte, so daß es jedermann sehen konnte, mittels einer kleinen Maschine Tabak in die Zigaretten. Immer wenn wir an dem Laden vorübergingen, stellte dieser Mann Zigaretten her. Eine nach der anderen. Ganz schnell, so daß man Mühe hatte, seinen flinken Fingern zu folgen. Ich bezweifelte, daß er je etwas anderes hätte tun können.

Die Mundstücke der Papirossi meines Vaters trugen übrigens die Initialen A. S. - sein Monogramm. Ich weiß das deshalb so genau, weil ich mit Dima, wenn wir Erwachsene spielten, natürlich immer einige Zigaretten aus Vaters Schreibtisch nahm. Erwachsene rauchen nämlich immer. Es lag nah, daß zu einem guten Erwachsenenspiel auch eine gute Zigarette gehörte. Wir schafften immer gerade ein paar Züge, dann wurde uns regelmäßig schlecht. Da wir aber stets eine ganze Hunderterpackung aus der Schublade nahmen, hatten wir nach Abschluß unseres Erwachsenenspiels meist noch 98 ungerauchte Papirossi zu verschenken. Ich glaube, halb Karlshorst stieg in dieser Zeit von deutschen Zigaretten auf Glimmstengel mit Pappmundstück und den aufgedruckten Initialien A. S. um.

Natürlich rauchten wir nicht nur Zigaretten. In dem Laden, wo Vater seine Zigaretten kaufte, lagen auch prima Pfeifen aus. Es wäre gelacht, dachten wir uns, wenn wir findigen Kerlchen nicht einen ebenso schmukken wie funktionierenden Nachbau derselben zustande brächten. Die Pfeifen gelangen uns auch tatsächlich recht prächtig. Der Pfeifenkopf bestand aus einer ausgehöhlten Kastanie, als Mundstück benutzten wir einen Holunderstock. Es funktionierte wirklich prima, hätten wir nur nicht diese getrockneten Laubblätter geraucht. Ich lief abwechselnd grün und blau an. Meine Eltern dachten, ich hätte mich vergiftet. So ganz unrecht hatten sie damit freilich nicht.

Meine bis dahin glücklichste Zeit, die unbeschwerte Kindheit in Karlshorst. Mein Bruder Dima (re.) und ich. (1927)

Cylle, der Wölfling

Im Jahre 1926 bestand ich die Aufnahmeprüfung am Kant-Real-Gymnasium, der späteren Hochschule für Ökonomie. Mein Vater war unheimlich stolz auf mich. Noch am selben Tag, gleich nach bestandener Prüfung, nahm er mich deshalb bei der Hand, um mir meine Schülermütze zu kaufen. Man muß sich das so vorstellen: Jede Klassenstufe hatte damals ihr Erkennungszeichen. Während die Sextaner Mützen mit schwarzem Band und goldener Mittellitze trugen, hatten die Quintaner braune und die Quartaner rote Bänder. Das steigerte sich bis zur höchsten aller Stufen, den Primanern, die weiße Mützen trugen. Die Primaner übrigens, die sich ja schon für Mädels interessierten, erhoben das Tragen ihrer Seidenmützen zur Kunstform. Mal wurde sie tief ins Gesicht gezogen, mal fiel sie ihnen fast ins Genick, und dann wieder zog man sie neckisch und kokett übers rechte Ohr. Wir anderen schmissen die Mützen einfach ins Wasser, rissen den Draht - der so einer Kappe bekanntlich Halt gibt - aus ihrer Innenseite und setzten sie dann wieder auf. Dann sahen die Mützen alt aus. Ein Umstand, der den Eindruck vermittelte, man sei schon unheimlich lange im „Geschäft“ und besäße Berge von Erfahrung. So eine Mütze war eben ein Statussymbol.

Ich, der ich ein Sextaner war, brauchte eine Mütze mit schwarzem Band. Der Laden, in den mein Vater und ich damals gingen, war jedoch so duster (oder schauten wir, euphorisch wie wir waren, nicht so genau hin?), daß wir zwar eiligst eine passende Mütze für mich kauften, jedoch nicht auf ihre Farbe achteten. Kurzum: Wir nahmen eine braune für eine schwarze Mütze und mein erster Schultag auf dem Gymnasium wurde zur Tortur. Alles lachte über mich, wies mich mein braunes Mützchen doch schon als Quintaner, also eine Klassenstufe höher aus. Ein böses Omen! Es kam, wie es kommen mußte. Man soll eben nichts essen, bevor es gekocht wurde. Ja gut, ich gebe es zu: Ich blieb in der Sexta hängen. Das lag einerseits an meinen mangelnden Deutschkenntnissen - und andererseits an meiner durch nichts zu übertreffenden Faulheit. Übrigens ein Ruf, der mir heute noch vorauseilt. Mein Vater wurde zum stellvertretenden Direktor des Kant-Gymnasiums, Herrn Dr. Quelle, gerufen, und der redete erst einmal um den heißen Brei: „Herr Schilkin", sagte dieser Quelle, „aufgrund der besonderen Verhältnisse ist es natürlich kein Problem, Ihren Sohn in die Quinta zu versetzen. Das kriegen wir schon hin." Doch dann kam`s knüppeldick: „Trotzdem empfehle ich Sergei, die Sexta nochmal zu machen. Irgendwann bleibt er ja doch sitzen!" Das war`s also! Meine Eltern waren sauer. Und ich mit meiner schönen braunen Sextanermütze fühlte mich irgendwie eigenartig berührt.

Nur meinen Freunden war das alles völlig egal. Besonders Wilhelm Dietze, einem Nachbarsjungen, der von uns nur Balönchen genannt wurde. Balönchen (seinen Spitznamen kreierten wir aus dem lateinischen Wort für Bär, Balo) gehörte damals zu den Pfadfindern - einem Mittelding aus Wandervogel und Boyscout. Balönchen warb mich an oder, wie es im Jargon heißt, er „keilte mich". Zu den Pfadfindern kam man, wenn man zehn Jahre alt war. So wurde ich „Wölfling", jüngstes Pfadfindermitglied. Fast jedes Wochenende ging`s hinaus in die freie Natur. Wir wanderten, sangen und bildeten eine große verschworene Gemeinschaft. Ich entsinne mich eines Jungen, vielleicht sechs Jahre älter als ich, der mich sehr belustigte. Er war rothaarig, kräftig und hatte eine markige Stimme. Dieser Junge war Kriegswaise. Sein Vater war als Offizier im ersten Weltkrieg gefallen. Stets kleidete er sich mit dem Waffenrock seines gefallenen Vaters, was damals bei uns Kindern gerade groß in Mode kam und kommandierte wie ein General. Aber was diesen Pfadfinder eigentlich ausmachte waren seine O-Beine, die den Eindruck vermittelten, er wäre auf einem Pferderücken geboren und vor allem sein naives Gefasel. Er schwärmte immer von der Sowjetunion, was ihm den Spitznamen „Roter Reitergeneral" einbrachte. Durch seine Lehre war der „General" von der kommunistischen Idee angehaucht worden. Er redete über Zucht und Ordnung, über gleiches Recht für alle und über das soziale Moment dieser neuen Gesellschaftsordnung. Mich ließ das alles kalt. Allenfalls belustigte mich dieser Bursche, der von Rußland sprach als wäre es das Paradies. Ahnung hatte er keine. Was wirklich vor sich ging, wußte er nicht. Ein ulkiger Typ, aber ein ausgemachter Kumpel.

Die Zeit in der „Deutschen Freischar" war sicher eine der besten meines Lebens. Ich danke meinen Eltern noch heute für ihre Großzügigkeit, mich, den kleinen Steppke, mit den großen Pfadfindern durch die Lande ziehen zu lassen. Es war eine Zeit, in der ich viel lernte.

Interessant für die heutige Jugend mag er

Stellenwert sein, den wir Kinder der „Deutschen Freischar“ damals zumaßen. Die Freischärler bestanden aus Jugendlichen jeden Alters, die ihre Freizeit miteinander verbrachten. Für uns war es also ganz selbstverständlich, zu ihnen zu gehören. Allein zu spielen war einfach langweilig.

Die „Freischar“ gründete sich nach dem ersten Weltkrieg aus verschiedenen kleinen Jugendverbänden wie den „Wandervögeln“, den „Christlichen Pfadfindern“ oder dem „Christlichen Verein Junger Männer“. Nur eine Gruppe schloß sich ihnen nie an: „Die Stahlhelme“, eine Gruppe militanter Jugendlicher, die stets mit Kriegsflagge durch die Gegend zogen. Die damaligen Freischärler gliederten sich in drei Gruppen: Die jüngsten waren die „Wölflinge“ im Alter zwischen zehn und 16 Jahren, dann kamen die „Piraten“ von 16 bis 24 und schließlich die „Älteren“. Zweimal wöchentlich trafen sich diese Gruppen zu Heim- oder Sportabenden, fast jedes Wochende ging es hinaus zu großer Fahrt. In der Hitlerzeit wurde die „Deutsche Freischar“ dann verboten. Man sah die Kinder lieber in der HJ.

War ich einmal nicht als Wölfling der Freischar unterwegs, spielte ich mit Balönchen und einigen anderen Nachbarsjungen auf der Wiese hinter unserem Haus. Hier bekam ich von ihnen einen Spitznamen, der mir bis heute erhalten geblieben ist. Und das begab sich so:

Wenn wir auf der Wiese herumtollten, Fußball spielten oder einfach in den Tag hineinträumten, vergaßen wir oft die Zeit. Was kümmerte es uns, daß Mutter oder Babuschka mit dem Essen wartete. Obwohl Babuschka ganz köstliche Speisen zubereitete, vergaß ich oft, mich zur rechten Zeit im Hause einzufinden. Sie führte, wie unter den Russen damals üblich, fast ganz allein den Hausstand und zauberte so leckere russische Gerichte, daß einem das Wasser im Munde zusammenlief. Da waren zum Beispiel die Piroschki, kleine Fleisch-Pastetchen oder der Pirog, ein Blechkuchen, den sie mit immer anderen Köstlichkeiten zuzubereiten verstand. Einmal mit Lachs und Reis, dann mit Pilzen. Das Leckerste jedoch war Kapusta, ein Pirog mit Weißkohlfüllung. Etwas anderes typisch russisches waren die Sucharij oder wie man heute sagen würde: der Snack zwischendurch. Altes Graubrot wurde in große Würfel geschnitten, im Backofen geröstet und später in einem Leinenbeutel aufgehängt. Durch das Hängen in der Luft behielt das Brot sein Aroma. Wer Hunger hatte, nahm sich einfach ein Stück von dem gerösteten Brot - die Deutschen würden Sucharij in etwa mit Schiffszwieback vergleichen. Und doch schmeckte er irgendwie anders.

Nur, was nützen Großmutters Kochkünste, wenn ich es immer vorzog, mit meinen Freunden durch die Gegend zu toben? Regelmäßig wurde ich deshalb lautstark und bestimmt zum Essen ins Haus beordert. Eines Tages war es an meiner Babuschka, mich zu rechten Zeit an den heimischen Herd zu komplimentieren. Als sie mich endlich erblickte, rief sie mich lauthals beim Namen: „Serjosha, Serjosha - komm essen!“ Balönchen und die anderen schauten mich erstaunt an. „Wie hat Deine Großmutter eben zu Dir gesagt?“ Ihnen war ich bisher nur als Sergei bekannt. Mit seiner Koseform Serjosha konnten sie nun wirklich nichts anfangen, geschweige denn, sich ihn merken. Daß sie es trotzdem versuchten, spricht wenigstens für ihren guten Willen. Dennoch: Bring einer Kuh Französisch bei - mein Name wurde von den Deutschen bis zur Unkenntlichkeit verstümmelt. Aus Serjosha wurde Cillosha! Da wir nun alle - gestern wie heute - um möglichst kurze und prägnante Ausdrucksformen bemüht sind, wurde auch dieses Cillosha wieder abgekürzt. Aus Sergei wurde schlicht und einfach Cylle. Ich muß zugeben, daß ich die Schreibweise dieses Namens selbst kreiert habe. Den Maler Zille mochte ich sehr, doch ich war eben Serjosha und wollte nicht mit anderen Leuten verwechselt werden. Nicht, daß man mich mit einem berühmten Maler hätte vergleichen können, keineswegs, aber schon die Namensgleichheit war mir ein Graus. Heute würde ich so etwas durchgehen lassen, aber damals wollte man eben etwas besonderes sein. Ein Vorrecht der Jugend? Wie auch immer: Der Name Cylle ist mir erhalten geblieben. Es gibt niemanden unter meinen Freunden, der mich mit Sergei ansprechen würde.

Ein Stündchen Revolution

Die folgenden Jahre vergingen wie im Fluge. Wir - mein Vater Apollon, meine Mutter, meine Babuschka, mein Bruder Dima und ich - hatten uns irgendwie durch die Wirren der Zeit geschlängelt. Wir hatten unter dem Zaren gelebt, waren vor den Bolschewiken geflüchtet und fanden uns schließlich in der Weimarer Republik wieder. Vom Regen in die Traufe?

Die politische Gesinnung der Familie Schilkin war zur Weimarer Zeit alles andere als sozialistisch. Zu frisch waren die Erlebnisse im bolschewistischen Rußland. Sollte es auch in Deutschland so kommen? 1919 verabschiedete sich Deutschland mit der Wahl zur Weimarer National-versammlung von der Monarchie. Ein Umstand, der meinem Vater Apollon sauer aufstieß. Denn er war nicht nur überzeugter Zarist, sondern wollte auch in Deutschland „seinen alten Kaiser Wilhelm wiederhaben“. Was muß ich ihm für einen Schrecken bereitet haben, als ich, der 12jährige Cylle, mehr oder weniger unfreiwillig unter die Revoluzzer ging.

Der kaiserliche Bahnhof in der Nähe des Bahnhofs Karlshorst hatte nach der Abdankung des Monarchen immer mehr an Bedeutung verloren. Früher hatten die hohen Herrschaften auf ihrem Weg vom Berliner Schloß zur Pferderennbahn gern hier Halt gemacht. Das war vorbei. Nur eines war geblieben: der Kaiserpavillon.

Dieser Fachwerkbau aus rotem Klinker wurde speziell für den Kaiser errichtet. Er besaß zwei Etagen mit hellen, großen Empfangsräumen und war einfach wie geschaffen für die kaiserlichen Hoheiten. Dieser Pavillon übte schon bald einen so ungeheuren Reiz auf mich aus, daß ich oft zum Bahnhof ging, um mir diesen Bau anzuschauen. Doch wie anders sah er jetzt aus. Vorbei waren die prunkvollen Tage, da sich Damen und Herren in den Bädern erfrischten oder die riesigen Umkleideräume nutzten. Vorbei - jetzt waren die Fenster vernagelt. Kein Mensch war zu sehen. Nichts zeugte von den glanzvollen Zeiten, die dieses Gebäude schon gesehen haben mußte. Jetzt, da Kommunisten, Sozis und Nazis um die Macht im Lande kämpften, stand es einsam und leer. Der Kaiserpavillion zollte den wechselnden Zeiten Tribut.

Oh, wie reizte es mich, diese Räume einmal von innen zu sehen. Vielleicht genau an dem Platz zu stehen, auf dem Kaiser Wilhelm einst gestanden hatte. Nein, ich war bestimmt nicht feige. Ich riß einige der Holzbretter, die irgendwer vor die Fenster und Türen genagelt hatte, einfach ab und brach ein. Drinnen wurde ich weniger von den Räumlichkeiten gefesselt, als viel mehr von den endlosen Packen Papier, die sich säuberlich aufgestapelt im Pavillon befanden. Ich warf einen oberflächlichen Blick auf einen der Packen: Es waren Flugblätter der Kommunisten. Heute kann ich mir das nur so erklären: Die bolschewistisch eingestellten Revolutionäre hatten Tausende aufrührerische Schriften gedruckt und waren dabei erwischt worden. Die Polizei beschlagnahmte die Flugblätter und lagerte sie einfach im Pavillon ein. Zu etwas anderem als zu einer Lagerhalle schien er nicht mehr von Nutzen zu sein. Ich weiß nicht warum, aber ich griff mir einen Packen dieser politischen Schriften und verteilte ihn mitten auf der Straße, ohne ihn je gelesen zu haben. Dann ging ich nach Hause, als wenn nichts gewesen wäre. So wurde ich in nur einer Stunde ein richtiger Revolutionär. Die Strafe folgte auf dem Fuße: Noch am selben Abend bekam die Familie Schilkin Besuch von einem Polizeioffizier. Mein Vater war entsetzt, meine Mutter schockiert, die Babuschka sagte gar nichts. Der Beweis, daß ein zwölfjähriger Junge noch lange kein Jungrevolutionär sein muß, nur weil er Flugblätter verteilte, konnte von meinem Vater dann aber sehr schnell angetreten werden.

Nein, ein Revoluzzer war ich wirklich nicht. Durch meinen Vater war und blieb ich national eingestellt. Bester Beweis: Die Geschichte mit meinem Zeichenlehrer Herrn von Hanoschewski.

Von Hanoschewski war durch und durch Sozialdemokrat. Und doch - oder vielleicht gerade deswegen - war er einer der besten und tolerantesten Lehrer, die ich je hatte. Die Vorliebe der Jugend war es damals, möglichst kriegerische Handlungen zu zeichnen. In einer unserer Zeichenstunden hatte es unsere Klasse somit auf Kriegsschiffe abgesehen. Wir malten und malten. Herr von Hanoschewski schritt langsam die Bänke entlang und warf einen Blick auf die entstehenden Bilder. Manchmal setzte er sich neben einen Schüler, machte ein paar kunstvolle Linien - die zweifellos zur Verschönerung des jeweiligen Bildes beitrugen - stand dann wieder auf und ging weiter. Dann kam er zu mir. Er setzte sich, malte ein paar Schatten um Bug und Masten meines Schiffes und hielt inne. Kein Zweifel: Wir sollten republikanische Kriegsschiffe malen. Und was sah er bei mir: die schwarzweißrote Kriegsflagge. Wortlos nahm von Hanoschewski den Pinsel, tauchte ihn in das strahlenste Gelb und übermalte meine rote Linie. Dann wich das Weiß meiner Fahne seinem Rot, und schließlich fuhr auch „mein“ Kriegsschiff unter der deutschrepublikanischen Flagge. Doch ich war wehrhaft. Kaum war der Zeichenlehrer weg, griff ich meinerseits zu den Malutensilien und ließ wieder die kaiserliche Fahne im tuschkastenblauen Himmel flattern. Dieses Zeremoniell wiederholte sich noch einige Male. Von Hanoschewski kam, malte die republikanische Fahne auf „mein“ deutschnationales Boot. Von Hanoschewski ging - ich änderte die Farben abermals. Während der ganzen Zeit sprachen wir nicht ein Wort. Schließlich gab er sich geschlagen und ließ mir meinen Willen.

National eingestellte Kinder wie mich gab es an unserer Schule reihenweise.

Nur, so merkwürdig es klingt, fast der gesamte Lehrkörper war sozialdemokratisch eingestellt. Manche trugen am 1. Mai sogar eine rote Nelke am Revers. Nach der Machtergreifung Hitlers änderte sich daran zunächst wenig. Selbst Hitler übernahm den „Tag der Arbeit“ - wenn auch mit einem anderen politischen Hintergrund.

Profukuli Rossiju

Das Erste, was mich am Nationalsozialismus wirklich störte, war die Auflösung meiner Pfadfindergruppe. Wer sich in einer Jugendgruppe betätigen wollte, mußte der Hitlerjugend oder dem Jungvolk beitreten. Viele taten das auch. Politische Motive konnten bei uns Steppkes ja kaum eine Rolle spielen. Auch ich schloß mich dem Jungsvolk an. Und: Alles blieb beim alten. Nur eins änderte sich: Aus dem höflichen „Guten Tag, Herr Lehrer", wurde plötzlich ein strammes „Heil Hitler".

Mein Vater freilich setzte in Hitler und seine Idee vom Nationalsozialismus große Erwartungen. Endlich, so hoffte er, war die Zeit der Sozialdemokratie vorbei. Er wollte seinen schwarzweißroten Staat wieder haben. Und tatsächlich: Es schien gut anzulaufen. Deutschlands Arbeitslosenheer wurde zusehends abgebaut. Der wirtschaftliche Aufschwung der Jahre 1933 bis '36 bescherte uns allen eine Menge Geld. Die Stimmung im Volk war auf dem Höhepunkt. Selbst als der Krieg gegen Rußland begann, kamen den meisten keine Bedenken. Endlich, so hoffte mein Vater, würde das russische Volk vom bolschewistischen Joch befreit. Erst nach dem Kessel von Stalingrad 1943, in dem das deutsche Heer unter Feldmarschall Paulus vernichtend geschlagen wurde, Tausende Deutsche den Tod fanden und 91.000 in Gefangenschaft gerieten, schlug die Stimmung plötzlich um. Apollon Fjodorowitsch schien es zu ahnen.

Kurz nach Bekanntwerden der deutschen Niederlage schwante ihm: „Profukuli Rossiju - jetzt haben sie Rußland verfurzt!“ Nach Stalingrad hielt dann auch Vater nichts mehr von Hitler.

Die Anfänge der NS-Zeit trieben merkwürdige Blüten. 1934 wurde mein Vater plötzlich von einem Juden namens Ettinger besucht. Er war mittelgroß, schlank, hatte ein schmales Gesicht und braune, immerwache Augen. Ein unglaublich sympathischer Typ. Dieser Ettinger also befand sich auf der Durchreise in die Vereingten Staaten. In Moskau hatte er ein Spirituosengeschäft betrieben und sich dabei besonders auf die Herstellung von Likörextrakten spezialisiert. Ettinger sah für sich und seine Firma im bolschewistischen Rußland keine Zukunftsperspektiven mehr und machte sich deshalb auf den Weg nach Amerika. Als er in Berlin Station machte, erfuhr er - weiß der Teufel wie - von der Anwesenheit meines Vaters, dessen Spirituosenfirma gerade in den Kinderschuhen steckte. 1934 trafen Ettinger und Apollon Fjodorowitsch zum ersten Mal zusammen. Wahnsinn: Der Jude Ettinger verehrte Adolf Hitler wie einen Gott. Ihm traute er zu, der Welt ein neues, ein besseres Gesicht zu geben. Ettinger schrieb dem „Führer“ sogar einen Brief, in dem er ihm Ratschläge gab, wie die Wirtschaft auch weiterhin voranzutreiben sei. Was könnte besser die Hoffnungen der Menschen in einen Mann beschreiben, der Deutschland später ins tiefste Elend stürzen sollte?

Doch die politischen Ansichten Ettingers einmal bei Seite gelassen: Er verkaufte meinem Vater die Rezepturen für seine Likörextrakte. Die Spirituosenfabrik Schilkin stolperte ihre ersten Schritte.

Armut

Noch im gleichen Jahr kamen die Liköre Alnat und Palmyra auf den deutschen Markt. Phantasiebezeichnungen. Palmyra war eine arabische Stadt, in der Milch und Honig flossen, Alnat eine Mixtur der Vornamen meiner Eltern. Apollon und Natalia. Außerdem klang Alnat wie Natur. Ein Umstand, der den Likörtrinkern verdeutlichte, ein Naturprodukt in ihre Kehlen zu gießen. Irgendwie hatte das, psychologisch gesehen, etwas sehr Schönes. Und vor allem: Es funktionierte! Wir hatten die meisten Abnehmer unter den Behörden und beim Oberverwaltungsgericht. Ein befreundeter Verwaltungsrat vertrieb die Flaschen unter seinen Kollegen. Wir waren wieder im Geschäft.

Schon 1932 hatte unsere Familie die Gewerbegenehmigung zur Spirituosenherstellung bekommen. Noch im selben Jahr erwarben wir das Gelände auf dem Gutshof Alt-Kaulsdorf, der auch jetzt noch Hauptsitz unseres Betriebes ist. Was viele nicht wissen: Dieses Gut war schon 1784 für den Preussenkönig Friedrich Wilhelm III. von Bedeutung. Der sollte tief in die königlichen Taschen greifen. 50.000 Taler Darlehen gab er dem Physiker und Chemiker Franz Karl Achard, damit es diesem gelänge, den Zuckergehalt der Runkelrübe industriell für die Zuckergewinnung zu verwenden. Mit Erfolg. Dem Physiker gelangen seine Experimente, die auch für uns interessant werden sollten. Zur Bereitung von Branntwein verwendet man auch heute noch Rübenzuckermelasse.

Der Gutshof Alt-Kaulsdorf schien schon damals wie geschaffen für uns. 1921 wurde das Gelände von einem Herrn Voigt parzelliert, der das Areal seit den 70er Jahren des 19. Jahrhunderts in seinem Besitz hatte. Voigt selbst hatte hier einen landwirtschaftlichen Betrieb aufgebaut und durch die Parzellierung ein Vermögen gemacht. Durch die Inflation 1923 ging er jedoch pleite und war so gezwungen, den Gutshof an meinen Vater zu verpachten. Ein Glücksfall für uns - standen uns doch damit schon sämtliche Räumlichkeiten für unsere Destillations-Apparaturen zur Verfügung. Spätestens jetzt gab es kein zurück mehr. Meine Eltern stürzten sich in ein neues wirtschaftliches Abenteuer.

Doch mit diesem Abenteuer begann für uns auch die Armut. Durch den Erwerb des Kaulsdorfer Grundstückes hieß es auch für mich und meinen Bruder Dima Abschied nehmen, Abschied von unserem Haus in Karlshorst und Abschied von unseren Freunden. Wir zogen nach Alt-Kaulsdorf und ich fühlte mich, als ob ich das Paradies verließ. An den Abend bevor wir das Haus verließen, in dem ich meine gesamte Kinderzeit verbracht hatte, erinnere ich mich genau. Es war Frühjahr. Ich saß in der Loggia und atmete süßen Lindenblütenduft. Der helle Schein einer Straßenlaterne fiel in das Zimmer und ich ahnte, daß ich Abschied von meiner Kindheit nahm.

Bis zum Augenblick unseres Umzuges lebte unsere Familie, man kann es nicht anders sagen, wie die Made im Speck. Doch dem Traum meines Vaters, in Berlin einen neuen Anfang mit der Gründung eines Spirituosenunternehmens zu wagen, mußten wir schnell Tribut zollen. Sein Plan ging schief. Der Absatz stockte, die Produktion ebenfalls. Gegen die unvorstellbare Konkurrenz von allein 200 Berliner Schnaps- und Likörherstellern konnten wir uns nicht behaupten. In kürzester Zeit verlor unsere Familie ihr gesamtes Vermögen. Alles Geld investierte mein Vater in das Unternehmen. Ich wurde ein bettelarmer Fabrikantensohn. Daß wir diese Zeit der Armut und des Elends einigermaßen schadlos überstanden, hatten wir vor allem der Mutter zu verdanken. Noch in Rußland hatte sie den Beruf der Schneiderin erlernt. Diese ihre Fähigkeiten hielten uns von nun an ganze zehn Jahre über Wasser. Ihrem Tagwerk nachgehend, tief über eine kümmerliche Nähmaschine gebeugt, sehe ich sie noch heute sitzen.

Obwohl wir als Ausländer nach Alt-Kaulsdorf kamen, wurden wir doch von den Menschen mit Sympathie empfangen. Und das in einer Zeit, in der der Faschismus mit seinen Ideen schon nicht mehr am Schwelen war, sondern schon ein Feuer entfacht hatte, dessen Flammen das Fremde und Nichtarische zu verbrennen drohten.

In besonders guter Erinnerung ist mir der Kausldorfer Kaufmann Koppke, für dessen Frau meine Mutter hin und wieder nähte. Dieser Koppke, er besaß eine kleine Markthalle, hatte unsere Familie tief in sein Herz geschlossen. Immer wieder schob er uns, da wir von den dürftigen Rationen unserer Lebensmittelkarten kaum existieren konnten, Leckereien aus seinem Hause zu. 1940, am Hochzeitstag meiner Eltern, standen er und seine Tochter plötzlich mit einem Präsentkorb vor unserer Tür - randvoll mit Wurst, Fleisch und anderen Dingen, die wir uns schon seit Ewigkeiten nicht hatten leisten können. Eine andere, mir heute fast unglaublich scheinende Erinnerung, verbinde ich mit Weihnachten desselben Jahres. Unglaublich deshalb, weil Nächstenliebe in Zeiten des Elends - andere Familien hatten unter dem Krieg ja ebenso zu leiden - heute fast vergessen zu sein scheint.

Es war Heiligabend. Vor unserer Wohnungstür fand meine Mutter ein kleines Päckchen. Ein „Etwas“ in einfaches Papier eingewickelt und mit einem derben Bindfaden festgezurrt. Niemand hatte geklopft, niemand war zu sehen. Das geheimnisvolle Präsent lag im Schnee vor unserer Tür und schien darauf zu warten, von uns begutachtet zu werden. Meine Mutter nahm das vermeintliche Geschenk mit ins Haus und legte es auf den Küchentisch, wo wir es alsbald erwartungsvoll umringten. Wie groß war unsere Überraschung, als sich ein Festmahl aus dem grauen Packpapier schälte. Vor uns lag eine Weihnachtsgans. Bratfertig und nur noch in den Ofen zu schieben. So sehr wir auch nach unserem Gönner forschten und allerlei Freunde und Bekannte fragten, um ihm unseren Dank auszusprechen, die gute Seele fand sich nicht. Bis heute bin ich mir im unklaren, wem ich das unerwartete Festessen am Heiligen Abend 1940 zu verdanken habe.

In Verdacht hatten wir unter anderem auch die Familie Wassilieff. Frau Wassilieff war St. Petersburgerin wie wir. Ihr Mann, ein Arzt, war in den Wirren der russischen Revolution umgekommen. Ihre schwindsüchtige Tochter starb wenig später in Berlin. So blieb ihr nur ein einziger Sohn, und selbst ihn hätten ihr die Bolschewisten um ein Haar genommen. Frau Wassilieff schlug sich in Kaulsdorf als Privatlehrerin durch. Schon in Rußland hatte sie Deutschunterricht gegeben. Doch so perfekt wie sie - übrigens ganz im Gegensatz zu meinen Eltern, die Zeit ihres Lebens mit starkem Akzent sprachen - Deutsch beherrschte, so stark war auch ihr Drang, sich mit Landsleuten in einem gepflegten Russisch zu unterhalten. Schon deshalb ging sie in unserem Hause ein und aus und war schon fast ein Mitglied der Familie. Doch auch sie leugnete, die Weihnachtsgans vor unsere Tür gelegt zu haben.

1923 erwarb mein Vater einen Gutshof in Alt - Kaulsdorf, um dort Spirituosen zu produzieren. Ein Abenteuer, das uns in die Armut stürzte. (1936)

Mein Kampf mit Iphigenie

Der Tag meiner Abiturprüfung nahte. Doch das erste Problem schien sich schon aufzutürmen, bevor ich überhaupt den Prüfungsraum betreten und mich dem Lehrertribunal ergeben hatte. Dieses Problem kam in Form eines dunkelblauen Anzuges immer wieder über mich. Denn zur Abiturprüfung erschienen die Schüler, wie es damals gang und gäbe war, im edlen Zwirn. Schließlich stellte dieser Tag, ob Prüfung bestanden oder nicht, das ganz entscheidende Ende eines Lebensabschnittes dar. In dem Elend, in dem ich und meine Familie damals zu leben hatten, war der Kauf eines neuen Anzuges, ja der Erwerb des bloßen Stoffes, in weite Ferne gerückt. So sehr wir auch sparten, das Geld wollte einfach nicht zusammenkommen. In der Situation einer drohenden Blamage vor meinen Mitschülern und Lehrern erwies sich die Witwe Wassilieff als Retterin in der Not. Ihr Sohn, etwa zehn Jahre älter als ich, besaß einen solchen Anzug. Er war groß und schlank - seine Konfektionsgröße mußte der meinen ähnlich sein. Ich bewunderte ihn immer wegen seines edlen Äußeren. Er hatte ein scharf geschnittenes, aristokratisches Gesicht mit hellen ruhigen, oft überlegen blickenden Augen. Frau Wassilieff begriff natürlich sofort, daß man mich unmöglich der Schmach aussetzen könne, ohne Anzug zum wichtigsten Tag meines bisherigen Lebens zu erscheinen. Kurz und gut, das gute Stück ging in unseren Besitz über und Mutter änderte Ärmel und Hosenbeine so, daß mir der Anzug auf den Leib geschneidert schien. Es war, als hätte ich nie etwas anderes getragen.

Voller Stolz und ebensoviel Angst, die ein Prüfling nun einmal haben muß, schritt ich am großen Tag durch die Gänge der Schule, um mich zum Orte des „Alles oder Nichts“ zu begeben. Auf dem Flur begegnete ich zweien meiner Lehrer. Einer davon, Dr. Färber, ein Deutschlehrer, sollte mein unbarmherziger Prüfer sein. Als ich an ihnen vorbeischritt, mir war etwas mulmig in der Magengegend, steckten die beiden die Köpfe zusammen. Färber, ein Anhänger der alten Griechen, wisperte noch immer so laut, daß ich es hören konnte: „Und immer wenn sie zum Kampfe schritten, schmückten sie sich!“ Sollte ich auf seinen Homerschen Ausspruch nun stolz oder eher verängstigt sein?

Nun, ich hätte allen Grund dazu gehabt, ein wenig Angst zu haben. Zwar hatte ich mich auf die mündliche Deutschprüfung einigermaßen vorbereitet, aber ein Restrisiko blieb. Warum? Auch nach annähernd fünf Versuchen, Goethes Iphigenie von Tauris zu lesen, wurde ich nicht schlauer. Im Gegenteil, ich tappte buchstäblich im Dunklen. Meine fünf Versuche in dieser Beziehung endeten ein ums andere Mal in einem wohligen Schlafe und einem nicht minder schlechten Gewissen. Alle anderen Themen arbeitete ich durch, nur zur Iphigenie schien mir kein Weg zu führen. Was anderes hätte ich tun sollen, als meinem Glück zu vertrauen und Goethe so zu behandeln, als würde in Prüfungen nie nach ihm gefragt, ja als hätte es ihn nie gegeben. Mein Herz, welch ein Wunder, klopfte mir bis zum Hals, als ich das Papier mit meinem Prüfungsthema von Dr. Färber empfing. Große, fein säuberlich geschriebene Druckbuchstaben schauten mich an. „Iphigenie von Tauris“, stand da geschrieben. Die blaue Tinte, die feinen Buchstaben, entstellten sich vor meinen Augen zu Hieroglyphen. Ich war am Ende. Das war´s also. Dr. Färber starrte mich erwartungsvoll an. Mit dem Mute der Verzweiflung bat ich mit den Worten: „Ich bin bei der Iphigenie immer eingeschlafen“, um Gnade. Färbers Miene verfinsterte sich. Ich spielte nervös an den Knöpfen meines dunkelblauen Anzuges und schaute voller Demut auf meine Schuhspitzen. Schon meinte ich, ein Donnerwetter auf mich herabprasseln zu hören. Es flog mir ja bereits um die Ohren. Doch nichts dergleichen geschah. Als ich wieder aufblickte, sah ich Dr. Färber schmunzeln. „Ich habe dafür vollstes Verständnis. Dann erzählen Sie mir doch bitte etwas über den Schweizer Novellisten Conrad Ferdinand Meyer!“ Das war meine Rettung. Ich erzählte soviel wie nie vorher in meinem Leben.

1937 ging ich ein halbes Jahr zum Reichsarbeitsdienst nach Burg. Dieser Dienst, er war übrigens auf freiwilliger Basis, wurde von den meisten als eine Art Überbrückung zwischen bestandenem Abitur und erstem Uni-Semester gesehen.

Ich arbeitete auf einem Landgut, dessen Besitzer einige, vor seinem Haus gelegene Dünen abgetragen und verlagert haben wollte. So schippten wir also den schweren weißen Sand in kleine Eisenbahnloren und transportierten ihn ab. Zwanzig Pfennig pro Kubikmeter Sand bekamen wir vom Gutsbesitzer dafür ausgezahlt - nicht gerade eine Menge Geld. Dennoch war es eine wunderbare Zeit für mich. Wir gingen die Dinge locker und gemütlich an, und eigentlich waren wir mehr mit allerlei Späßen beschäftigt, als dem Herren seine Dünen zu verschieben.

Zu diesem sogenannten Reichsarbeitsdienst - das erscheint aus heutiger Sicht besonders interessant - kamen jedoch nicht nur die jungen Kerle der umliegenden Ortschaften, sondern auch Leute, die in den deutschen Kolonien zu Hause waren. Viele von ihnen besaßen die doppelte Staatsbürgerschaft, hatten also sowohl den deutschen als auch den britischen Paß in der Tasche. Ein großer Teil von ihnen kam extra aus Südafrika oder aus Mittel- und Südamerika angereist. So merkwürdig es heute klingt: Ihre Eltern hatten größten Wert darauf gelegt, ihre Söhne mit deutscher Disziplin vertraut zu machen und ihnen damit ein innigeres Verhältnis zu ihrem Heimatland zu verschaffen. Dafür wurden weder Kosten noch Mühe gescheut. Besonders deutlich ist mir in dieser Beziehung ein junger Mann aus Lateinamerika in Erinnerung. Seine Haut war von der Sonne gegerbt, und man mußte schon zweimal hinschauen, um in ihm einen Europäer und keinen Neger zu erkennen. Am Abend erzählte er uns von seinem Leben als Farmer und führte, um uns zu unterhalten, gern die traditionellen Tänze der Indios auf. Wir hatten einen Heidenspaß an ihm.

Vier Wochen vor dem Reichsparteitag wurden nicht nur die Angehörigen der Wehrmacht, sondern auch wir, die Jungs vom Arbeistdienst, in Marschkolonnen eingeteilt. Mit blankem Spaten sollten wir an der Tribüne, wo neben Hitler auch die restlichen Größen der NS-Politik vertreten waren, vorbeimarschieren. Ich, der ich immer noch staatenlos war, wurde der Kolonne mit den Auslandsdeutschen zugeteilt. Wir exerzierten, übten uns in soldatischer Disziplin und wußten nicht, daß wir auf einen Krieg vorbereitet wurden.

Wenig später, 1938, bestand ich die Aufnahmeprüfung an der Technischen Hochschule, der heutigen Technischen Universität Berlin. Sie dauerte zwei ganze Tage. Gefragt und getestet wurde weniger das Fachwissen, als vielmehr die Führungsqualität des Einzelnen. Ideologie war damals noch keine Anforderung an uns junge Spunte. Warum auch, Hitler wurde wie ein Held verehrt. Er war quasi der Retter der Nation, hatte er doch das Arbeitslosenheer auf ein Minimum schrumpfen lassen. Daß die Menschen durch ihre Arbeitskraft den Krieg vorbereiteten, kam uns damals noch nicht in den Sinn. Ideologische Tests waren also ganz und gar unsinnig. Ein großer Teil der deutschen Bevölkerung, also auch wir Jungen, standen ohnehin auf Seiten des „Führers".

Um mein Studium finanzieren zu können, war ich auf ein Stipendium angewiesen. Das bekam ich von der „Wirtschaftsgruppe Allgemeiner Maschinenbau". In diesen Wirtschaftsgruppen waren damals fast alle großen und bedeutenden Fabriken und Unternehmen zusammengeschlossen. Die Firmen gaben den Studenten, nachdem sie nach dem Abschluß eines jeden Semesters eine Art Leistungsnachweis erbracht hatten, eine ansehnliche Summe, um ihr Studium weiterfinanzieren zu können. Ich erhielt 350 Reichsmark im Monat. Für die damaligen Verhältnisse und besonders für mich, der ich die Armut nur allzugut kannte, eine unvorstellbar hohe Summe. In vier Jahren würde ich mein Examen zum Diplomingenieur bestanden haben. Eine traumhafte Zukunft.

Nebenbei arbeitete ich am Institut für Maschinenwesen beim Baubetrieb als Assistent der dort dozierenden Doktoren und Professoren. Mein Vater hatte mir den Job über einen seiner Logenbrüder besorgt. Meine Aufgabe bestand darin, die technischen Zeichnungen der Studenten zu korrigieren und auch das ein oder andere Seminar abzuhalten. Besonders die Kontrollen der Zeichnungen waren finanziell überaus lohnenswert. Für jede kleine Skizze bekam ich 50 Pfennig, für die größeren und schwierigen schon 2,50 Mark. Doch auch das war mir noch nicht genug. Ich war zwar immer ein begeisterter Anhänger des Faulseins und Nichtstuns, doch das Wissen, wenigstens auf technischem Gebiet, flog mir zu. Da mag es auch nicht weiter verwundern, daß ich für die damals noch zahlreich in Berlin studierenden Ausländer sogenannten Vorbereitungsunterricht auf das Examen gab. Eine Nachhilfe für den Lehrstoff, den sie nicht recht begreifen wollten. Chinesen und Japaner, Italiener und Rumänen hatten eines miteinander gemeinsam: Sie ließen bei mir 15 Mark pro Unterrichtsstunde.

Jugendsünden

Während des Krieges war die Entwicklung der Firma Schilkin also alles andere als berauschend. Immer hatten wir zu kämpfen. Fast den gesamten Sprit, der zur Herstellung von Wodka nötig war, erhielt die Wehrmacht. Nur einige große Firmen bekamen den staatlichen Auftrag, die Wehrmacht mit Spirituosen zu versorgen. Erst nach dem Krieg kamen auch wir wieder besser ins Geschäft. Alle Welt riß sich nach Schnäpsen und Likören. Eine Flasche Wodka kostete in den Nachkriegsjahren immerhin 84 Mark. Auf dem schwarzen Mark mußte man sogar noch tiefer in die Tasche greifen. Unter 300 Mark war hier nichts zu wollen.

Doch das war, wie eingangs beschrieben, erst nach der NS-Zeit.

Für mich war der Krieg scheußlich. Nichts wollte ich mit ihm zu tun haben. Mein Studium an der Technischen Universität Berlin kam mir da gerade recht. „Allgemeiner Maschinenbau“ war eine Sache, für die ich mich schon immer interessierte. Meines Vaters Entscheidung, mich an der Uni studieren zu lassen und etwas aus mir zu machen, dafür aber Dima die Leitung der Firma anzuvertrauen, entsprach somit meinen Wünschen. Niemals wollte ich Schnapsfabrikant werden.

Wer allerdings denkt, ich hätte ausnahmslos

an meiner Karriere gebastelt, hat sich gründlich geschnitten. Ich gab mich - und dies ausgiebig - auch noch ganz anderen Freuden hin. Zwar hielt ich mich der Weiblichkeit weitgehend fern, versuchte es zumindest, mußte mich aber dennoch den süßen Attacken einiger Verehrerinnen erwehren. Mal fand ich eine Einladung ins Theater oder Konzert im Briefkasten, mal holten mich einige Damen zum harmlosen Spaziergang ab. Nicht das mir das alles mißfallen hätte - wer könnte dem tatsächlich widerstehen - aber ich war fest entschlossen, mich nicht von den Frauen fangen zu lassen. Aber das ein oder andere Techtelmechtel ergab sich eben doch.

Da war zum Beispiel die schöne Erna. Sie war die Tochter eines Großbauern und besuchte mich - ob ich es wollte oder nicht - stets mit ihrer Freundin Hildegard. Ich weiß nicht, ob sich die beiden erst salbten, bevor sie sich mit mir trafen. An eines jedoch erinnere ich mich genau, sie rochen köstlich nach Luxus-Seife. Meine Nase rieb ich aber nicht an ihnen - wenigstens vorerst. Wenn mich diese beiden besuchten, durfte ich mich auf ausgedehnte Spaziergänge gefaßt machen. Auch das hätte sicher eine schöne und romantische Sache sein können, wären da nicht Ernas Freundin Hildegard und dieser Großknecht gewesen. Der Großknecht nämlich, ein Bediensteter von Ernas Vater, hatte ein Auge auf die schöne Bauerntochter geworfen. Er war so eifersüchtig, daß er, während ich mit den beiden Mädels durch die Straßen flanierte, ein ums andere Mal so dicht mit dem Fahrrad an mir vorbeiraste, daß ich fürchtete, er würde mich über den Haufen fahren. Stets wachte der arme Knecht mit Argusaugen über seine Angebetete. Was immer ich auch hätte tun wollen, dem Großknecht wäre es nicht entgangen. Die Sache wurde brenzlig. Ich hatte es sowohl mit einer wohlig duftenden Freundin Hildegard als auch mit einem eifersüchtig dahinradelnden Großknecht zu tun. Ein Techtelmechtel ist gut und schön, aber viel schwerer ist es, sich rechtzeitig wieder abzuseilen. Es war tatsächlich nicht einfach, aber schließlich konnte ich die schöne Erna davon überzeugen, auf keinen Fall der richtige Mann für sie zu sein.

Was Ernas Freundin Hildegard betrifft, sie sah ich erst Jahre später wieder. Und: Ich hatte nichts dazu gelernt. Ich sah sie in einem Café. Dort arbeitete sie als Serviererin. Auch Hildegard erkannte mich sofort wieder. „Ich habe bald Dienstschluß", flüsterte sie. „Möchtest Du mich nicht nach Hause bringen?" Die Sache klang vielversprechend. Ich konnte einfach nicht ablehnen. Kurz und gut, ich begleitete sie zu ihrer Wohnung. Dort angekommen, bedankte sie sich und schien mich doch tatsächlich schon verlassen zu wollen. Sollte ich den langen Weg für die Katz´ zurückgelegt haben? Die drohende Antwort deprimierte mich. Ich suchte mein Heil in der frechen Offensive: „Können wir nicht noch eine Tasse Tee bei Dir trinken?" Hildegard verneinte. Ich hatte nicht unbedingt den Eindruck, daß ihr der Genuß einer guten Tasse Tee Abbruch getan hätte, sie selbst übrigens auch nicht, aber sie wohnte zur Untermiete und konnte mich unmöglich mit rauf nehmen. Das sah ich ein. Was sollten nur die Leute denken? Kurz und gut, ich änderte meinen Plan vom Tee in einen kuschligen Spaziergang. Auch der erwies sich als nicht schlecht. Am Ende blieb ich aber doch meinen vorgefaßten Grundsätzen treu. „Laß Dich nie einfangen", geisterte mir durch´s Hirn.

Zu einer nächsten Begegnung kam es nicht

mehr. Hildegard rief mich erst Monate später wieder an. Aber da hatte sie schon keine Chance mehr.

Denn eben in dieser Zeit lernte ich ein Mädchen kennen, das bis heute nicht von meiner Seite wich. Und das begab sich so:

Einer meiner Freunde, Lothar Tetzner mit Namen, schwärmte damals für eine junge Dame aus Kaulsdorf. Er hatte sie auf einem Volksfest gesehen und wohl auch einige Male mit ihr gesprochen. Der Gedanke an sie ließ ihn von da an nicht mehr los. Jenny Schulz mußte ein nettes Mädchen gewesen sein, aber - wie ich bald merkte - es gab nettere. Eines Tages also, es war ein Sonntag im August, kam Lothar zu mir nach Hause, um meinen Beistand zu erbitten. Heute, so hatte er sich vorgenommen, wollte er Jenny zu Haus besuchen und sie zum Tanze ausführen. Nur, den Mut allein in die Höhle der Löwin zu gehen, hatte er nicht.

Es war heiß. Faul und gelangweilt räkelte ich mich in der elterlichen Wohnung, als er kam und mir seine Sorgen erzählte. Ich bin ein gutmütiger Mensch, und so schmissen wir uns in Schlips und Kragen, um Familie Schulz unsere bescheidene Aufwartung zu machen. Zur Enttäuschung Lothars jedoch war Jenny nicht zu Hause. Nur ihre Schwester Ira und deren Freundin, die kurioserweise auch Erna wie meine schöne Bauerntochter hieß. Auch sie machten ihren faulen Sonntag und wollten sich diesen nicht durch unnütz aufregende Aktivitäten vermiesen lassen. Es war ihnen ganz und gar nicht genehm, sich von uns zum Tanz ausführen zu lassen. Gehen lassen wollten sie uns aber scheinbar auch nicht, und so landeten wir an ihrer Seite, tranken Kaffee und knackten Nüsse. Für mich ein ganz und gar unerfreuliches Unternehmen. Unerfreulich? Es war langweilig! Lothars Jenny war nicht daheim, und ich hegte schon gar keine Ambitionen, obwohl Erna nun wirklich nicht ohne war. Am Abend überraschte uns Vater Schulz dann mit schwarzem Johannesbeerwein. Wir hatten ein bißchen getrunken und - naja, man weiß ja, wie das ist - kamen uns näher. Beängstigend war das schon. Immerhin hatte ich vor, frei und ledig zu bleiben, aber sympathisch war Erna allemal.

Am Ende waren meine Ängste begründet. Erna umgarnte mich schließlich solange, bis ich nicht mehr nein sagen konnte. Sofort nach dem Ende meiner Studienzeit 1942 wurde aus Erna Klimetschek Frau Schilkin.

Wie man Deutscher wird

Das mit dem Heiraten entpuppte sich jedoch als nicht so einfach. Ich galt als Staatenloser. Ein Status, der für eine Reichsdeutsche wie Erna damals alles andere als erstrebenswert war, wäre ihr doch automatisch ebenfalls die deutsche Staatsbürgerschaft aberkannt worden. Schon im zarten Alter von 15 Jahren, als ich noch aufs Kant-Gymnasium ging, hatte ich meinen ersten Antrag auf die deutsche Staatsbürgerschaft gestellt. Allein das war ein bürokratischer Akt ohnegleichen. Ich brauchte die Beurteilung meiner Lehrer, und sogar der Schuldirektor mußte bezeugen, daß ich ein „nordisches Erscheinungsbild" besaß, mich gut führte und als Russe völlig ungefährlich war. Doch jedes Mal, als ich das Büro des für meinen Fall zuständigen Beamten betrat, erwartete mich das gleiche Schauspiel. Ein mürrischer, nicht gerade sehr zuvorkommender Mann riet mir, es doch in ein paar Jahren wieder zu versuchen. Im übrigen tue ihm die Ablehnung meines Antrages furchtbar leid. Ich wurde der Versuche auch niemals müde und stellte noch vier weitere Anträge aufs Deutschsein - allein ich war und blieb Russe. Da half es auch nichts, daß ich Unterlagen meiner Großmutter fälschte, die mit bürgerlichem Namen Malow hieß. Jeder Staatenlose oder Ausländer, der die deutsche Staatsbürgerschaft anstrebte, suchte sich einen mehr oder weniger deutschen Vorfahren. Selbst wenn es nur ein

Deutscher Schäferhund war - wer weiß, wozu das noch mal nutzen konnte. Unsere „arme“ russische Familie besaß zwar eine Menge Tiere, ein Schäferhund war jedoch nicht dabei. So blieb mir nichts anderes übrig, als den so schönen wie typischen russischen Namen Malow in Malhof einzudeutschen und auf ein Wunder zu hoffen. Doch nichts klappte, und so war ich, als ich meine Erna traf, noch immer ein Staatenloser.

Nicht, daß ich unbedingt Deutscher werden wollte, aber für Flüchtlinge wie uns waren die Zeiten nicht sehr rosig.

Nach dem ersten Weltkrieg wurde für alle Emigranten der Welt der sogenannte Nansen-Paß eingeführt. Nansen war damals Oberkommissar für Flüchtlingsfragen beim Völkerbund in Genf, der heutigen UNO. Alle Staaten, die dem Völkerbund angehörten, mußten sich verpflichten, Flüchtlinge in ihr Land aufzunehmen. Der Nansen-Paß, ein grünes Stück Papier in Din-A-4 Format, garantierte uns den Schutz des Völkerbundes. Flüchtlinge unterstanden somit nicht der Regierung des Landes in dem sie gerade weilten, sondern einzig und allein dieser Genfer Organisation. Er verhinderte, daß wir in Deutschland hin und her gestoßen wurden. Mit diesem Paß waren wir Menschen wie alle anderen auch. Mit den Rechten und Pflichten des jeweiligen Staates ausgestattet.

Ganz anders wurde unsere Lage, als Hitler 1935 den Austritt aus dem Völkerbund bekanntgab. Ab sofort unterstanden wir der Fremdenpolizei und hatten über Nacht jedes Aufenthaltsrecht in Deutschland verloren. Jederzeit konnten uns die Behörden die Aufenthaltsgenehmigung entziehen. Das große Zittern begann. Doch zunächst tat sich gar nichts. Statt des Nansen-Passes liefen wir jetzt mit einem deutschen Fremdenpaß umher. Unserer Lage sicher waren wir uns nicht. Wir konnten immer ausgewiesen werden. Wie man heute weiß, eine nicht sehr utopische Vorstellung.

Das war also die Lage. Erna wollte mich heiraten, jedoch nicht als Staatenlosen. Als ich sie kennenlernte, arbeitete sie in der obersten Leitung des Reichsarbeitsdienstes, im Ressort „Kultur und Ausbildung". Welche Probleme hätte ihr das bringen können?!

Den Schwerpunkt dieses Dienstes bildete tatsächlich die Arbeit. So wurde jeder Deutsche bis zu einem bestimmten Alter für ein halbes Jahr zum Reichsarbeitsdienst eingezogen, kaserniert und für Arbeiten wie etwa den Straßenbau oder das Versetzen von Dünen eingesetzt. Noch wurde mit dem Spaten exerziert. Welchen Eindruck hätte es also gemacht, wenn Erna, die die Menschen ja „deutsch" erziehen sollte, einen Staatenlosen geheiratet hätte. Das ging nicht. Es war einfach unmöglich. Doch meine Erna wollte sich damit nicht abfinden. Sie ließ ihre Beziehungen spielen, sprach mit ihrem Boß und siehe da - plötzlich gab es keine Probleme mehr. Ich erhielt einen Sippenfragebogen, ein amtliches Zeugnis, welches mir ein für allemal bescheinigte: „Es gibt keine Hinweise darauf, daß Sie nichtarischer Herkunft sind." Ich wurde Reichsdeutscher!

Mein Vater Apollon Fjodorowitsch begrüßte glücklicherweise meine Heirat mit Erna. In der Vergangenheit hatte er mir schon so manches Mal meine Freude am schönen Geschlecht madig gemacht. Brachte ich zum Beispiel eine Dame nach Hause, die ein wenig - aber nur ein wenig - lispelte, dann lief Vater die nächsten Tage in der Wohnung umher, lispelte ebenfalls und machte meine Liebste nach. Auch ein Weg, mir zu zeigen, was er von meinen Frauen hielt. Bei Erna war das nicht so, sie behandelte er von Anfang an mit dem größten Respekt. Sicher hätte Vater mich lieber an der Seite einer reichen Fabrikantentochter gesehen - die Klimetscheks besaßen „nur“ eine kleine Beiwirtschaft in Brück - aber in unsere Heirat willigte er ohne Vorbehalte ein.

Seit 1938 waren Line (irgendeinen Kosenamen muß man seiner Frau ja geben) und ich bereits verlobt, am 27. Juni 1942 sollte endlich geheiratet werden. Alles wurde von langer Hand vorbereitet. Im Hause meiner zukünftigen Schwiegereltern wollten wir, nachdem wir uns im Brücker Rathaus das Jawort gegeben hatten, feiern. Es sollte eine für die damaligen Verhältnisse sehr feudale Feier werden. Die Eltern meiner zukünftigen Frau schlachteten mehrere Hühner und mein Vater versprach, die von ihm selbst kredenzten Weine und Liköre auf die Festtafel zu bringen. Auch in bezug auf unsere Garderobe stellten sich uns keine nennenswerten Schwierigkeiten in den Weg. Zum Glück erhielten Personen, die einen besonderen, einmaligen Anlaß - eine Heirat kann man wohl so nennen - zu begehen hatten, sogenannte Bezugsscheine. Für diese Marken erhielt man Stoffe, Kleider, Schuhe und Hemden. Dinge also, die während des Krieges so gut wie nicht zu haben waren. Auch diese mußten wir natürlich bezahlen. Aber Hauptsache, wir kamen an sie heran. Der Rest spielte keine Rolle. Wir waren froh, in dem Tag angemessener Robe heiraten zu können. Alles andere war unwichtig. Ich kaufte mir am Spittelmarkt einen dezenten grauen Anzug, meine Erna schönen weißen Stoff, aus dem ihr meine Mutter später ein Brautkleid nähte. Natürlich achteten wir darauf, nicht allzu festlich angezogen zu sein. Garderobe, egal welcher Art, konnte man immer gebrauchen. Nicht nur in dieser Hinsicht war praktisches Vorausdenken während des Krieges lebensnotwendig.

Zu unserem großen Tage hatten wir nur die engsten Familienmitglieder und Freunde eingeladen: Tante Nina mit meinen beiden Cousinen, zwei Freundinnen meiner Verlobten, Ernas Bruder, ihre Schwester und unsere Eltern. Dima nahm nicht an der Hochzeit teil. Er war bereits als Soldat im Krieg. Nachdem wir kurz gefrühstückt hatten, ging es ins Standesamt, wo ich mich endgültig meinem Schicksal ergab. Frisch vermählt und in allseits strahlender Gesellschaft konnten wir sogleich auch zur kirchlichen Trauung schreiten.

Erna war Angehörige der evangelisch-lutherischen Kirche, ich rutschte ohne mein Zutun, also allein durch meine Taufe, in den Kreis der Rechtgläubigen, wie sich die Anhänger der russisch-orthodoxen Kirche gerne nennen. Orthodoxe Kirchen waren in Brück weit und breit nicht auszumachen, evangelisch-lutherische ebenfalls nicht. So wurden wir im Wohnzimmer meiner Schwiegereltern getraut. Als Erna und ich auch vor Gott als Mann und Frau dastanden, gab es für mich kein zurück mehr. Meine Lebensmaxime - „Laß´ Dich nie von einer Frau einfangen" - konnte ich getrost über Bord werfen. Grundsätze sind eben dazu da, gebrochen zu werden.

Nachdem ich auch das kirchliche Zeremoniell glücklich hinter mich gebracht hatte, wurde aufgetafelt. Mein Schwiegervater rührte in einer großen Bowle, die er aus selbstgemachtem Beeren- und Rhabarberwein hergestellt hatte. Sie sah aus wie ein Rosé und schmeckte süß und süffig. Vor dem Festessen überreichte Vater jedem Gast, der über die Schwelle des Wohnzimmers trat, ein Glas Wodka. Das löste die Zungen und bald quackelten Deutsche und Russen so miteinander, als würden sie sich seit Jahrzehnten kennen. Das übrigens ist eine Erfahrung, die ich auch heute noch nutze. Ein gutes Glas Wodka vor einem Fest und die ersten Hemmungen fallen. Für alle, die sich diese meine Erfahrung zunutze machen wollen, noch ein Rat: Es darf nicht nachgelegt werden, sonst werden völlig unerwünschte Nebeneffekte riskiert. Ein Gläschen reicht völlig.

Dann wurde getafelt. Es gab eine kräftige Hühnerbrühe, Hühnerfrikassé und verschiedene Braten, die wir über die uns zugeteilten Bezugsmarken eingekauft hatten.

Meine Lebensmaxime - "Laß Dich nie von einer Frau einfangen" - warf ich am 27. Juni 1942 über Bord. Ich heiratete meine Line.

„Die Heimat ist stolz auf Sie!"

In der Zeit nach meinem Maschinenbau-Studium konnte auch ich mich der Einberufung zum Kriegsdienst nicht entziehen. Alles war gut geplant: Im Juni 1942 legte ich das Examen ab und durfte mich offiziell Diplomingenieur nennen, im Juli heiratete ich Erna Klimetschek und nur kurz darauf wurde ich zur Wehrmacht eingezogen und zu einer sechswöchigen Grundausbildung nach Züllichau geschickt.

Dort sollte ich bei der Spezialeinheit M8 für das Afrikacorps ausgebildet werden. M8 stand für „Maschinengewehrbataillon Nummer 8" und war ausschließlich mit schweren Maschinengewehren ausgerüstet. Das M8 wurde immer dann in die Kampfhandlungen geschickt, wenn die Gefechtslage besonders verzwickt oder gar aussichtslos erschien. Mußte eine strategisch wichtige Stellung trotz Übermacht des Feindes gehalten werden, war die M8 die richtige Truppe dafür - übrigens ein Umstand, der mich, da ich in eben dieser Einheit Dienst tun sollte, nicht besonders begeisterte. In Afrika verwundete Unteroffziere mit reichlich Kampferfahrung waren meine Ausbilder. Sie hatten sich besonders in den Schlachten vor dem libyschen Hafen Tobruk und dem ägyptischen Ort El Alamein bewährt, bevor sie auf Befehl Generalfeldmarschalls Rommel ihren 2.000 Kilometer langen Rückzug antreten mußten. Eine Niederlage, die Hitler dem Wüstenfuchs übrigens nie verziehen hat.

Zum Afrikacorps kamen nur Soldaten, die besonders gut schwitzen konnten. In der Gluthitze des schwarzen Kontinents wäre man sonst schnell ein toter Mann gewesen. Obligatorisch waren auch die Spritzen gegen jedwede Krankheit wie Malaria, Cholera oder Ruhr - darauf war ich vorbereitet. Daß man mir aber gleich 14 Injektionen hintereinander in die Blutbahn trieb, überraschte mich dann doch negativ. Einige Tage vor dem Abmarsch meiner Einheit nach Sizilien, wo wir eingeschifft und nach Afrika transportiert werden sollten, überfiel mich eine rätselhafte Krankheit. Ich vertrug offensichtlich die 14 Spritzen nicht. Die Ärzte sprachen von „Furunkulose", ich würde es einen vereiterten Hinterkopf nennen. Ich kam ins Lazarett im nahegelegenen Schwiebus, wo man mich operierte und ich meine baldige Genesung erwartete. Doch ich hoffte vergebens. Kurz darauf wurde ich auch noch von Diphterie befallen und war die folgenden vier Wochen ans Bett gefesselt. In dieser Zeit erhielt die M8 ihren Marschbefehl. Ich wurde krank in Schwiebus zurückgelassen. Nun sollte man annehmen, daß ich über die Entwicklung der Dinge nicht unzufrieden war, zögerte sich doch mein Debüt auf dem Schlachtfeld auf unbestimmte Zeit hinaus. Das Gegenteil war der Fall. Meine angeschlagene Gesundheit und die Trennung von meiner Frau schlugen mir auf die Stimmung. Die trostlose Umgebung des Lazaretts verdroß mich. So wurde Sylvester 1942 der traurige Höhepunkt meiner bisherigen Leiden. Mit meiner Frau Erna war ich frisch vermählt, und doch hatten wir uns, wie es mir schien, eine Ewigkeit nicht gesehen. Am 31. Dezember des alten Jahres nahm sie den Weg nach Schwiebus auf sich, um mir einen Krankenbesuch abzustatten. Ich freute mich wie ein kleines Kind, doch als sie endlich durch die Tore des Lazarettgartens schritt, blieb uns nichts weiter, als einander zuzuwinken. Ich stand am Fenster meines Krankenzimmers, sah zu ihr hinaus in den Park und konnte nichts weiter tun, als ihr einen fernen Gruß zu senden. Heulend ging Erna von dannen. Es war tragisch, man hatte mich einige Tage zuvor wegen meiner Diphterie in Quarantäne genommen.

Nach meiner Genesung saß ich zunächst in Züllichau fest. Doch schon bald kam eine Anfrage aus Berlin, ob ich nicht für den Militärdienst bei den Panzerverbänden geeigneter sei. Ich war es wohl, denn kurze Zeit später fand ich mich im thüringischen Hildburghausen wieder, um eine Grundausbildung zum Panzeroffizier zu machen.

Nach einigen weiteren technischen Lehrgängen erhob man mich schließlich in den Rang eines Majors und schickte mich zum Panzerregiment nach St. Pölten bei Wien. Mein erster Einsatzort war direkt an der Front: bei der 17. Panzerdivision im Raum Smolensk und Dnjepropetrowsk.

Doch bevor ich mich im Namen der deutschen Wehrmacht auf den Weg nach Rußland machte, hatte ich mein vorläufig letztes schönes Erlebnis. Meine Frau schenkte mir eine Tochter: Elke Katharina.

Im Frühjahr des Jahres ´43 gab es dann kein zurück mehr. Ich kam mit meiner Panzerdivision an die Ostfront.

Schon im November 1943 zeichnete sich das Desaster für Deutschland deutlich ab. Nach der verlorenen Schlacht von Stalingrad war uns allen klar, daß der Krieg verloren war. Ich wundere mich heute noch, daß sich die Truppe vor Stalingrad so zusammenschießen ließ.

Jeder wußte, die Schlacht ist nicht mehr zu gewinnen. Dennoch: Auf Befehl des „Führers“ wurde die Stellung gehalten. Man nahm Verluste hin, man ließ sich hinschlachten. Aus blindem Gehorsam. Oder hoffte die deutsche Armee auf ein Wunder?

Das furchtbare Los der Soldaten dort war, so schrecklich es klingt, unser Glück. Die Russen hatten den größten Teil ihrer Truppen in Stalingrad zusammengezogen. Dort waren sie so gebunden, daß wir, während nur etwa 500 Kilometer entfernt die blutige und erbarmungslose Schlacht tobte, eine ruhige Zeit fast ohne Feindberührung verlebten. Täglich warteten wir auf den Marschbefehl Richtung Stalingrad. Sicher war es an uns, die eingeschlossene Armee aus dem Kessel zu befreien. Gottlob, dieser Befehl, der wohl auch unseren Tod bedeutet hätte, wurde nie gegeben.

Nach Stalingard wurde der militärische Druck, den die Rote Armee auf uns ausübte, jedoch merklich stärker. Wir traten den Rückzug an. Wie hart umkämpft selbst dieser Rückzug noch war, verdeutlichen nur einige Zahlen: Unser anfangs fast volles Regiment - einige Soldaten und Panzer wurden zu benachbarten Divisionen abgezogen - schmolz während der Kämpfe auf Kompaniestärke. Besonders schwer fällt dabei ins Gewicht, daß wir zwischenzeitlich durch neue Panzer verstärkt wurden, sozusagen Nachschub erhielten. Am Ende unserer Flucht bildeten schließlich ganze sechs Panzer die einstmals stolze und siegessichere 17. Panzerdivision.

Ich gehörte zu einer Panzerdivision, deren Regiment in St. Pölten bei Wien seinen Heimatstandort hatte. Alle Offiziere waren Preußen, die Unteroffiziere größtenteils Wiener. Als ich zu dieser Truppe stieß mußte ich - so war es in Offizierscorps üblich - eine Einführungsrede halten. Ich, der junge Kerl mit gerade mal 26 Lenzen, dachte, irgendetwas über die Heimat sagen zu müssen. Gewissermaßen um die Moral der kämpfenden Truppe zu stärken. Da fielen Formulierungen wie „Die Heimat ist stolz auf Sie, meine Herren“! Und was passierte? Die Herren Offiziere lachten mich aus. Wir waren auf dem Rückzug. Und daß der nicht glorreich war, wußten wir alle. Ich sagte nie wieder sowas.

Zum Glück waren die Befehlshaber unserer Truppe immer bestrebt, uns heil aus dem Krieg herauszubringen. Sie gaben Befehle, die vernünftig schienen. Ich erinnere mich an eine Begebenheit während unseres überstürzten Rückzuges. Hitler erklärte alle strategisch wichtigen Städte, die noch von den Deutschen besetzt waren, zu Festungen. Wir sollten uns dort einnisten und der Offensive der Russen entgegenstellen. Ich befand mich mit meiner kleinen Einheit in Kriwoi Rog und hatte die Aufgabe, die zurückflutenden Truppenteile auf ihrer chaotischen Flucht vor dem schweren Gerät der Roten Armee zu stoppen und zur Verteidigung Kriwoi Rogs zu bewegen. In den wenigsten Fällen gelang mir das. Eine undankbare Aufgabe. Die Rote Armee rückte näher und näher. Hitlers Befehl, die Stadt unter allen Umständen zu halten, war völlig sinnlos. Was sollten wir uns, nur ausgerüstet mit Gewehren und einigen Panzern, den Russen entgegenstellen? Sie wären mit ihrem schweren Gerät einfach über uns hinweggedonnert und hätten es vielleicht nicht einmal gemerkt. In dieser Situation rief mich der Kommandierende der Stadt Kriwoi Rog in sein Zimmer. „Major Schilkin“, sagte er, „Ich gebe ihnen den Marschbefehl. Ziehen Sie sich zurück. Des Führers Befehl ist absoluter Quatsch!“ Ich traute meinen Ohren kaum. Unter normalen Umständen wäre der Mann für diese Äußerung erschossen worden. Doch jetzt zählte nur der Verstand und das nackte Leben.

Gott sei Dank kam ich aus diesem Schlamassel heil heraus. Im Frühjahr 1944 rettete mich - welch Widersinn - der Flecktyphus.

Als mich die Krankheit überfiel, befanden wir uns in der Nähe eines Eisenbahnknotenpunktes, an dem Lazarettzüge zusammengestellt wurden. Auch ich wurde in einen dieser Züge gesteckt. Sein Ziel: Wien. Damit war das Thema Front für mich ein für allemal erledigt.

Glanz und Gloria

Juni 1944: Ich ging im Park auf dem Semmering spazieren und erholte mich von meiner Krankheit. Die Aliierten waren gerade in der Normandie gelandet. Ich setzte mich auf eine Bank, als mich ein mir unbekannter Oberstleutnant im besten Wienerisch ansprach: „Nun Kamerad, jetzt ist der Krieg bald zu Ende!“ Man sprach also bereits öffentlich vom verlorenen Krieg, derweil die Zeitungen von Glanz und Gloria des deutschen Rückzuges berichteten. Und: Es gab Menschen, die noch immer an den Endsieg glaubten.

Es blieb nicht viel Zeit, mich um meine Tochter und meine Frau zu kümmern. Denn kaum eingetroffen wurde ich, der ich als Diplomingenieur auch für das Institut für Schweißtechnik gearbeitet hatte, vom Heereswaffenamt angefordert. Meine neue Aufgabe: Ich sollte ein halbautomatisches Schweißverfahren für die Herstellung von V2-Körpern entwickeln. Von der V2-Rakete, Hitlers Wunderwaffe, erhofften sich die Nazis eine nochmalige Kriegswende und - klingt es auch noch so unglaublich - den Endsieg. Nur zwei oder drei Wochen, nachdem ich die ersten Konzepte vorgelegt hatte, berief man mich zum Mitglied des Reichsforschungsrates. Für damalige Verhältnisse ein märchenhafter Karrieresprung.

Natürlich wußte ich, woran ich da baute. Ich

war zweifellos ein Bestandteil der Mannschaft, die eine Waffe konstruierte, von der sich Deutschland die endgültige Kriegswende erhoffte. Nur: Taten nicht Engländer, Russen und Amerikaner genau das gleiche? Jeder hat seinen Job. Ich hatte meinen. Moralische Probleme kamen mir deshalb nicht. Im nachhinein jedoch bin ich froh, daß der Krieg dann doch ein so rasches Ende nahm. Wer weiß, was passiert wäre ...? Nebenbei arbeitete ich damals als Dozent an der Technischen Universität Berlin-Charlottenburg. Wahrscheinlich hätte ich heute den Titel eines Professors, wenn nicht alles ganz anders gekommen wäre.

Auch mein Bruder Dima studierte an der TU. Mein Vater hatte ihm das Studium der Wirtschaftswissenschaften nahegelegt. Schließlich sollte er später die Firma übernehmen. Doch Dima interessierte sich nicht sonderlich für die ganze Lernerei. 1939 meldete er sich als Freiwilliger zur deutschen Wehrmacht. Typisch für ihn: Er wollte Gebirgsjäger werden. So lernte er ganz nebenbei noch das Skilaufen. Am Anfang des Rußlandfeldzuges wurde er in Murmansk eingesetzt. Dima hatte sich längst von den Russen losgesagt. Für ihn bestand das ganze russische Volk aus Bolschewiken. Hitlers Geschwafel vom Untermenschentum gab ihm den Rest. Dima glaubte daran. Alles paßte genau zusammen.

Am letzten Kriegstag fiel mein Bruder bei der sinnlosen Verteidigung Berlins in Spandau. Die deutsche Staatsbürgerschaft, wie ich sie hatte, konnte er nie bekommen - als deutscher Soldat durfte er sein Leben lassen. Er liegt heute auf dem Heldenfriedhof in Spandau.

Nicht nur die junge Generation stellt sich heute die Frage: „Wie konnte das alles nur so kommen?"

Tja, warum haben wir mitgemacht? Schon 1938 hatte sich Hitler in einer seiner Reden öffentlich zur Judenverfolgung geäußert. Wir nahmen seine Drohung, alle Juden auszurotten, wahrscheinlich nicht ernst. Mein Vater träumte damals noch immer von der Errettung des russischen Volkes vom Bolschewismus. Egal wer da rettete, die Sympathie meines Vaters war ihm gewiß - auch wenn er Adolf Hitler hieß. Selbst der deutsch-sowjetische Nichtangriffspakt, mit dem Hitler den Westen ausmanövrierte, fiel da nicht weiter ins Gewicht. Auch wenn der Verbündete Stalin war. Im Gegenteil: Der Pakt wurde in der Bevölkerung sogar als diplomatische Meisterleistung anerkannt, hielt sich der Führer doch so den Rücken frei und konnte sich ganz auf die anderen Kriegsgegner konzentrieren. Was das Thema Kriegsbegeisterung anbetrifft, so muß ich heute sagen, es ist an Widersinn kaum zu übertreffen. Niemand wollte diesen Krieg wirklich. Aber vielleicht begriffen viele der Jüngeren ihn mehr als Wort denn als Situation. Es ist paradox, einerseits haßten wir den Krieg, andererseits waren wir stolz auf die Erfolge der Wehrmacht. Was hätten wir auch tun sollen? Desertieren und uns vors Kriegsgericht stellen lassen? Gegen Hitler argumentieren und das KZ riskieren? Bei den meisten Deutschen herrschte die Meinung: „Wenn der Krieg jetzt schon begonnen hat, dann müssen wir ihn durchstehen." Wir fügten uns einfach in die Gegebenheiten.

Wenn ich mir die Zeit des Krieges heute durch den Kopf gehen lasse, bleiben viele Fragen offen. Ich wußte, und das von Anfang an, um die Abscheulichkeit dieses Krieges. Er ist immer ein dreckiges Geschäft. Doch das Leben - nur so kann ich es mir heute erklären - bildet Regeln heraus. Regeln, denen wir alle folgten und noch immer folgen. Es war zweifellos ein Widerspruch, auf das Eiserne Kreuz oder, wie ich, auf das Panzersturmabzeichen zu schielen und doch zu wissen, daß unsere angeblichen Heldentaten und Erfolge nur auf Kosten des Feindes, also Menschen wie wir, zustande kamen. War einer wie ich, der das Panzersturmabzeichen erhielt, nun heroisch oder leichtsinnig? Wir brachten nicht nur unser eigenes Leben in Gefahr, sondern auch das unserer Familie, das unserer Frauen und unserer unschuldigen Kinder. Sollte ihnen nur um eines Abzeichens willen der Ernährer fehlen? Drei Panzereinsätze mit unmittelbarer Feindberührung mußte ich hinter mir haben, die dreimalige Konfrontation mit der todbringenden sowjetischen Infanterie, um einen Orden und damit den Offiziersrang und die Achtung meiner Kameraden zu erhalten. Was ich bekam war ein großes silbernes Stück Blech mit dem Motiv eines großen Panzers und gekreuzten Infanteriegewehren. Jedesmal, wenn ich den Panzer bestieg, wußte ich um dieses scheußliche Ehrgefühl. „Du hast das nicht nötig", schrie mein Gewissen, aber im Ringen um Anerkennung vor mir selbst brachte ich die drei Einsätze hinter mich. Als ich später vom Flecktyphus gezeichnet und halbtot im Lazarettzug lag, überkam mich das Gefühl ungeheurer Erleichterung. Es ging nach Hause, meine Arme und Beine waren noch dran und niemand konnte mir vorwerfen: „Der hat sich gedrückt!" Das waren die Spielregeln! Es bleibt zu bezweifeln, ob sie ehrlich zu nennen sind. Ich hielt es wie die meisten Deutschen. Vielleicht hätten wir uns vor der Front drücken können. Doch das wäre mit unserem Gewissen nie zu vereinbaren gewesen. Und vieles von dem, was wir da taten und wozu wir mißbraucht wurden, begriffen wir erst Jahre später.

Eine Situation ähnlich wie bei den Juden. Das Anbringen der Judensterne empfand ich als scheußlich und menschen-verachtend. Ich erinnere mich noch wie ich dachte: „Gott sei Dank, nur so ein Stern. Damit kann man noch leben." Die Wirklichkeit, die Massenvernichtung, erfuhr ich erst bei Kriegsende. Selbst da konnte ich es einfach nicht glauben. Desto überraschter war ich, als ich im Spätsommer des Jahres 1945 einen ersten Spaziergang über den Kurfürstendamm machte. Die Cafés waren zum großen Teil schon wieder geöffnet, und die Menschen saßen an ihren Tischchen und erwärmten sich an den Sonnenstrahlen. Hier und da, es erschien mir fast unwirklich, gewahrte ich einige Juden unter den Cafébesuchern. Sie setzten sich einfach unter die Deutschen, als wäre nichts geschehen. Es war ein komisches Gefühl, das sich meiner plötzlich bemächtigte, aber ich dachte: „Jetzt, wo die Juden wiederkommen, wird es auch mit uns wieder aufwärts gehen." Ich betrachtete sie quasi als Garanten des erfolgreichen Wiederaufbaus.

Chaos und Aufbau

Hitler-Deutschland war zerschlagen. Für mich und meine kleine Familie, stellte sich die Frage: „Wie soll`s jetzt weitergehen?“

Ich hegte schon damals die schlimmsten Befürchtungen. Meine feste Überzeugung war es, daß die Russen sich mit Franzosen, Engländern und Amerikanern früher oder später entzweien würden. Ich war der Meinung, daß zumindest der Osten Deutschlands nicht darum herumkäme, eine sowjetische Republik zu werden. Ich war mir sicher, daß ein Teil Deutschlands zur Provinz des Sowjetischen Großreiches werden würde. In Voraussicht dessen gab ich sowohl meiner älteren Tochter Elke als auch meiner 1947 geborenen Tochter Iris russische Zweitnamen. Elke hieß Elke Katharina und Iris bekam den Zweitnamen Marina. Zum Glück trafen meine Befürchtungen nicht ein. Nur um eines ist es schade. Wie schön hätten sich die Namen Marina und Ekaterina Sergeiewna Schilkin bei meinen Töchtern gemacht.

Zum Glück - und das haben wir den Alliierten zu verdanken - trauten sich die Bolschewiken, aus dem Osten Deut-schlands eine russische Provinz zu machen, dann doch nicht. Sie nahmen den Umweg über die DDR.

Bis 20. April 1945, also bis kurz vor Ende des Krieges, hatte ich im Reichsforschungsrat an der Entwicklung der V2-Rakete gearbeitet. Ein Zeichen, daß Hitler noch bis zuletzt auf ihren Einsatz hoffte. Schon damals glich Berlin einem Schlachtfeld. Oft mußte ich die ganze Strecke von Charlottenburg bis nach Kaulsdorf laufen. Die S-Bahn fuhr nicht. Ihre Gleise waren zerbombt. Wohin man auch blickte, Berlin versank in Zerstörung und Chaos.

Diese Zustände und meine Angst vor den Russen ließen mich und meine Familie - meine Mutter ausgenommen, die vom Fliehen die Nase voll hatte - Berlin den Rücken kehren. Unser Ziel war es, die Elbe zu überqueren und uns unter den Schutz der Alliierten Westmächte, besonders der Amerikaner, zu stellen. Keinesfalls wollten wir uns von den Russen greifen lassen. So zogen wir mit Sack und Pack - nur bewaffnet mit meinem Ausweis des Reichsforschungsrates, in dem stand, daß ich zu keinerlei Kriegsdiensten herangezogen werden darf - in Richtung Westdeutschland. Dieser Ausweis war damals mein Freibrief. Denn noch bis zum letzten Kriegstag machten die sogenannten „Kettenhunde" der Feldgendarmerie Jagd auf Deserteure.

An der Elbe angekommen, erwiesen sich die Amis als ziemlich mitleidlos gegenüber unserem Schicksal. Wir wurden sofort zurückgeschickt. Wohin sich wenden? Wie sollte es weitergehen? Uns blieb nur eine Möglichkeit. Wir schlugen uns bis nach Brück, dem Geburtsort meiner Frau, durch. Brück war damals noch nicht von den Russen besetzt. Nur ein russischer Offizier waltete dort als Kommandant seines Amtes. Dieser Offizier stellte mir sofort ein Schreiben aus, in dem er verfügte, daß ich meine Tätigkeit als Leiter des Instituts für Schweißtechnik wieder aufnehmen könne. Waren unsere Ängste vor den Russen also unbegründet? Ich traute dem Frieden nicht.

Im August 1945 tauchte ich wieder in Berlin auf. Die Stadt war zerstört, glich einem Trümmerfeld. Während meine Frau mit unserer Tochter zu ihren Eltern nach Brück fuhr, nahm ich meine Arbeit an der Technischen Universität wieder auf. Die erste Zeit schlief ich im Büro. Jeden Abend nach Hause zu laufen, hätte wenig Sinn gemacht.

Daß sich die Sowjetunion mit den westlichen Alliierten auseinanderdividieren würde, hatte ich erwartet. Zwei völlig verschiedene Systeme prallten da plötzlich aufeinander. Doch von den politischen Differenzen einmal abgesehen: Ich selbst hatte keinerlei Probleme mit den Russen. Anfangs hatte ich Nachteile für mich und meine Familie befürchtet. Der Name Schilkin war auch in der Sowjetunion noch ein Begriff. Allein meine Sorgen waren unbegründet. Ich kam sogar in den Genuß kleiner Vorteile. Das verdankte ich dem Umstand, daß ich zwar Deutscher war, jedoch auch nach meiner Flucht aus St. Petersburg von den russischen Behörden niemals ausgebürgert wurde. Ich war und blieb also Russe - Landsmann einer Siegermacht.

Mein Vater Apollon Fjodorowitsch war bereits 1944 gestorben. Mir blieb nichts weiter übrig, als die Firma zu übernehmen.

Nur: Eine Wodkafabrik zu leiten entsprach nun wirklich nicht meinen Vorstellungen. Die Firma konnte für mich allenfalls eine schöne Nebensache sein. Außerdem arbeitete ich noch immer als Dozent an der Technischen Universität - ein Job, der mir ungeheuer viel Spaß bereitete. Nein, den so mir nichts dir nichts aufgeben, kam überhaupt nicht in Frage. Ganz anders dagegen dachte meine Frau Erna. Erkannte sie eher als ich, daß die Firma eine Goldgrube war? Ich weiß es nicht, aber etwa bis ins Jahr 1948 nahm ich meine Vorlesungen an der TU viel wichtiger als die Entwicklung der Firma Schilkin.

Ein Ereignis machte mir die Entscheidung, der TU den Rücken zu kehren, dann aber doch leicht. Da ich bereits als Dozent arbeitete, schien der Griff zum Professorentitel nur noch eine Frage der Zeit. Nun verfolgten jedoch alle wissenschaftlichen Assistenten dieses Ziel, das dem eigenen Namen nicht nur Glanz und Würde verleiht, sondern auch den Inhalt des Geldbeutels erheblich aufstockt. Doch auf ihre Professur warteten sie bislang vergeblich. Was für ein Schock muß es für sie gewesen sein, als einer wie ich, damals gerade Anfang 30, sie, die erheblich älteren Konkurrenten, aus dem Rennen stieß. Die Gedemütigten wehrten sich auf eine nicht besonders feine Art. Plötzlich geisterte das Gerücht durch die weiten Flure der Universität, ich sei Mitglied der NSDAP gewesen. Damit war ich für den Lehrkörper und besonders für die Studenten, die im Geiste einer neuen Zeit erzogen werden sollten, plötzlich untragbar geworden. Als Stein des Anstoßes entpuppte sich ein edles olivgrünes Jackett aus französischem Offiziersstoff. Ein hoher Mitarbeiter des Heereswaffenamtes, der Hugenotte Dr. Le Comte, der auch mein Vorgänger als Institutsleiter für Schweißtechnik und ein guter Freund von mir war, schenkte mir im November des Jahres 1944 den feinen Zwirn. Wahrscheinlich war er Beuteware, denn nirgendwo war gegen Ende des Krieges ein solcher Stoff auf normalem Wege zu erwerben. Dr. Le Comte, mit dem ich in meiner Eigenschaft als Leiter des Instituts für Schweißtechnik eng zusammenarbeitete, besuchte mich des öfteren in meinem Büro. Auch er hatte sich diesen Stoff abgegriffen und so trugen wir, quasi im Partnerlook, die gleichen olivgrünen Jacketts. Nur an einer Winzigkeit konnte man unsere Jacken unterscheiden. An seinem Revers prangte das Abzeichen der NSDAP. Darauf hatten unsere Neider nur gewartet. Nach dem Kriege wurde Le Comte wegen seiner Parteimitgliedschaft abgeschoben, und jetzt sollte der Abschied auch an mir sein. Allein die Sache schlug fehl. Ich konnte glaubhaft versichern, niemals Mitglied einer nationalsozialistischen Partei oder Vereinigung gewesen zu sein. Der Erfolg war mein. Ich blieb im Amt und steuerte weiter auf meinen Professorenstuhl hin.

Doch ich hielt nicht durch. Es ist ein scheußliches Gefühl in einer Atmosphäre zu arbeiten, die von Neid und Mißgunst bestimmt ist. Ich kam mir armselig dabei vor. Die Entscheidung nahte, sie fiel mir nicht sehr schwer.

Bis dahin leitete meine Frau den „Laden“. Sie machte, wenn man das so sagen kann, die Firma groß. Schon kurz nach Kriegsende, im Oktober 1945, wurde uns das erste Mal Sprit geliefert. Für uns war diese Lieferung wie eine Befreiung.

1948 gab ich meinen Dozentenjob auf und wechselte in unsere Firma. Ich mußte mich entscheiden. Der Betrieb hatte so an Umfang zugenommen, daß wir es fast selbst nicht glauben konnten. Meine Frau arbeitete Tag und Nacht. Die Nachfrage nach Wodka und Likören war unglaublich groß. Nachdem ich 1948 offiziell den Dozentenpool sausen ließ und ins Wodkalager wechselte, gründete ich eine KG. An ihr waren meine Mutter, meine Frau und die Töchter meines gefallenen Bruders beteiligt. Alle Familienmitglieder hatten somit einen Anteil vom Gewinn des Betriebes. So hoffte ich, ihr Leben auch künftig absichern zu können.

Doch zunächst hatten wir andere Probleme. Hitler und seine Spießgesellen hatten nicht nur Europa verwüstet, sondern auch Deutschland an den Rand des Abgrundes getrieben. Wenn die Nazis schon den Krieg verlieren sollten, wollten sie mit Pauken und Trompeten untergehen. Ein Umstand, der uns fast in die Katastrophe führte. Deutschland lag am Boden, Berlin war kaputt. Wohin man sich auch wandte, überall glich die Stadt einem Trümmermeer. Unter diesen Umständen machten wir uns daran, die Firma wieder aufzubauen. Egal welch schwerer Weg da vor mir lag, es war gut, eine Aufgabe zu haben. Viele Menschen hatten nicht dieses Glück. Die meisten wußten nicht, wie es weiter gehen sollte.

Natürlich hatte ich deshalb auch Neider. Irgendjemand zeigte mich beim Berliner Magistrat als Doppelverdiener an. Das war das Schlimmste, was man sich überhaupt nur vorstellen konnte. Ein Heer von Arbeitslosen übervölkerte die Stadt. Und ich hatte mich gleich zwei Jobs verschrieben. Zum einen arbeitete ich an der Technischen Universität im Institut für Schweißtechnik, zum anderen betrieb ich meine kleine - wenn auch kaputte - Firma.

Das ging, jedenfalls nach Meinung des Magistrats, nun wirklich nicht. Umgehend beschloß man, mir die Gewerbegenehmigung zu entziehen. Was anderes hätte ich tun sollen, als bei der russischen Kommandantur in Berlin-Karlshorst vorzusprechen? Ich schilderte meine Sorgen einem Hauptmann namens Drewusch. Gut und gern hätte er auch der Zarengarde angehören können, denn er besaß den gleichen Zwirbelbart, wie er damals groß in Mode war und wie ihn auch mein Vater schon getragen hatte. Dieser Drewusch sah natürlich überhaupt nicht ein, daß mir, dem Russen Sergei Schilkin, der dazu auch noch Wodka produzierte, die Gewerbegenehmigung entzogen werden sollte. Ein Wort von ihm genügte, und der Berliner Magistrat ließ sein Anliegen fallen. Damit war die Sache vom Tisch. Wie einfach doch alles sein konnte. Mein Glück, daß ich keine Limonade produzierte, sondern russischen Wodka.

Die russische Seele

Im Wodka, dem „Wässerchen“, steckt Tiefe und Trost. Wodka streichelt dem Russen das Herz. Seine Seele ist klar und rein - keine Lüge schwimmt darin. In einem Glas Wodka liegt all die zärtliche Melancholie, die dem russischen Volk so eigen ist. Wodka nimmt die Angst und läßt in Vergangenheit und Zukunft schauen. Wodka ist eine russische Philosophie. Dabei liegt sein Geheimnis weniger in ihm selbst als vielmehr in den Geschichten, die sich um ihn ranken. Wodka - so sagen die Verständnislosen - ist nichts weiter als aus Getreide gewonnenes Äthanol, das über Aktivkohle gefiltert wird. Recht haben sie, doch das russische „Wässerchen“ ist mehr. Es ist die genial ins Verhältnis gesetzte, fein filtrierte Mischung aus Getreidesprit und besonders behandeltem Wasser. Die Schöpfung dieses edlen Tropfens haben wir einem Moskauer Kloster zu verdanken. Etwa Mitte des 15. Jahrhunderts kreierten hier findige Mönche den reinen Schnaps. Selbst solch eine Berühmtheit wie Dimitrij Mendelejew, der Erfinder des Periodensystems der Elemente, leistete seinen Beitrag zur Entwicklung des Wodkas, begründete er doch als erster die Sprit-Wasser-Proportion wissenschaftlich. Auch vor der Politik machte der Vierzigprozentige nicht halt. Von Zar Nikolaus Alexandrowitsch ist - als er sich mit dem Prinzen von Wales über die Qualitäten von Whisky und Wodka stritt - folgende Definition überliefert „ ... aus flüchtigem Nichts, ins phantastische Aroma ...“

Wodka ist ein urrussischer Beitrag zur Entwicklung der Weltkultur.

Ich selbst habe natürlich meine ganz eigenen Trinkgewohnheiten. Für mich ist Wodka das sauberste und neutralste Getränk, das es gibt. Deshalb eignet er sich vorzüglich zu feinen Vorspeisen. Nicht einmal Wein ist so neutral wie der reine Wodka. Das mögen die Russen anders sehen. Doch ich kenne niemanden, der nicht wenigstens eine zünftige Scheibe Schwarzbrot, etwas fetten Speck oder eine Zwiebel zu den sto Gramm essen würde.

Doch natürlich sind die Gewohnheiten von Deutschen und Russen verschieden.

Ein Russe sagte mir einmal: „Sergei Apollonowitsch, es ist mir eine Freude zu sehen, wie die Deutschen reagieren, wenn sie mit uns Wodka trinken sollen. Sie nippen und wir schütten das erste Glas einfach weg. Spätestens nach dem zweiten tun sie es uns nach. Der Unterschied zwischen uns und den Deutschen ist jedoch: Wir wissen immer, wie wir gerade noch ins Bett kommen ...“

Vielleicht rettete mir die Liebe der Russen zu ihrem Nationalgetränk die Firma. Dennoch, unsere Lage war alles andere als berauschend. Der Gutshof Alt-Kaulsdorf war zerbombt. Zwar war ein Großteil der Maschinen noch immer funktionsfähig, aber die Fabrikhallen waren fast alle kaputt. Kein Stein stand mehr auf dem anderen. Selbst die Flaschen, in die unsere Spirituosen ja abgefüllt werden sollten, mußten wir auf der Straße suchen. Von den kaum zu erwartenden Spritlieferungen mal ganz abgesehen.

Da kam uns ein Aufruf in der Zeitung gerade recht. Die

Alliierten beabsichtigten, jedem Einwohner Berlins zu Weihnachten des Jahres ´45 eine Flasche Schnaps zukommen zu lassen. In der Zeitung wurden alle Betriebe, die schon während des Krieges Spirituosen produziert hatten, darum gebeten, sich umgehend Spritzuweisungen geben zu lassen und die Produktion sofort wieder aufzunehmen. Natürlich meldete ich mich sofort. Als einem der ersten Betriebe Berlins wurden uns die nötigen Rohstoffe geliefert. Wir legten los.

Doch solche Hilfen bekamen wir selbstverständlich nur dann, wenn Feiertage anstanden. Nur dann gab es diese Sonderabschnitte auf den Lebensmittelkarten, Schnaps-Rationen für die Bevölkerung. Sonst wurden wir von der Regierung knappgehalten. Der Sprit wurde ein furchtbar teurer und seltener Rohstoff. Kein Wunder, schließlich wurde er aus Getreide gewonnen. Doch das brauchte man, um das hungernde Deutschland zu sättigen. Mir blieb also nichts anderes übrig, als neue Rohstoffe zu erschließen. Nur welche?

Der Tiergarten, damals unter englischer Verwaltung, lag öd und zerbombt im Herzen Berlins. Die Bevölkerung hatte Bäume und Sträucher abgeholzt. Auf den Straßen begegneten mir Menschen auf der Suche nach Brennholz. Sie zogen kleine Handwägelchen hinter sich her. Jeder Strauch, jedes auch noch so kleine Scheit Holz, konnte das Überleben in dem vor uns stehenden Winter sichern. Der ehemalige Park war somit fast vollständig ausgeraubt. Die Engländer taten daraufhin das einzig Vernünftige: Sie ließen die Erde umpflügen und pflanzten auf dem fruchtbaren Boden kleine Topinambur-Knollen. So wurde der Tiergarten wieder begrünt.

Topinambur - der Name stammt von einem brasilianischen Indianerstamm - ist eigentlich eine Gemüseart, die sonst als Futterpflanze verwendet wird. Sie ist ein sehr lebendiges Gewächs. Aus jeder Knolle sprießt eine Pflanze. Botanisch ist der Topinambur wohl mit der Sonnenblume verwandt. Wie auch immer: Die Knollen der Pflanze vermehren sich ähnlich wie die der Kartoffel unter der Erde. Den Saft dieser Knollen wiederum konnte man pressen und vergären lassen. Das Produkt konnte ein herrlicher Branntwein sein.

Diese Überlegungen gingen mir damals durch den Kopf als ich zur englischen Kommandantur in den Tiergarten ging. Die Engländer waren froh, daß sich jemand erbot, diesen „Acker" abzuernten. Früher oder später mußte das sowieso getan werden, denn die Knollen wucherten unaufhörlich. „Wir können Euch aber kein Geld bezahlen", gab ich dem Engländer, dem ich meine Überlegungen erklärte, zu bedenken. „Macht nichts", sagte der, „dann macht ihr es eben kostenlos." Gesagt, getan - wir organisierten uns die ersten Rohstoffe selbst.

Das gleiche taten wir mit den landwirtschaftlichen Kahlflächen von Berlin und Umgebung. Besonders den Friedrichshagener Forst und die Wuhlheide versuchten wir, landwirtschaftlich zu nutzen. Die Saat des Topinambur aus dem Tiergarten sollte auf den Feldern Berlins aufgehen. Was wir brauchten, waren Maschinen. Doch die waren mit Artillerieschlepper und einem riesigen Pflug mit zwölf Scharen schnell gefunden. Zwanzig Landarbeiter aus der näheren Umgebung arbeiteten damals für die Firma Schilkin. Jeder war froh, daß er Arbeit hatte. Die Früchte unserer Mühe ernteten wir schnell. Unser Lohn trug den schönen Namen „Waldgeist" und war ein 55prozentiger. Übrigens: Er hatte einen eigenartig erdigen Geschmack. Man mußte sich wirklich erst daran gewöhnen. Die Berliner störte das wenig. Sie rissen uns die Flaschen nur so aus den Händen.

Von diesen Erfolgen beflügelt, weitete ich meine Aktivitäten in die Dessauer Gegend aus. Dort gab es wunderschöne Chausseen, die von einer Unmenge Vogelbeerbäumen umsäumt waren. Die Beeren wurden geerntet und bei uns in Kaulsdorf verarbeitet. Das Ergebnis war ein Branntwein namens Pielbeer-Geist.

Die Straßenmeistereien verlangten nicht einen Pfennig Geld von uns. Die Landarbeiter ernteten die Beeren nach Ende ihrer regulären Jobs - wenn sie überhaupt einen hatten. Sicher, viel Geld konnten wir ihnen nicht zahlen, aber die große Belohnung für ihre Arbeit war ein Fest, das wir einmal im Jahr in Dessaus berühmtestem Gasthof, dem „Krötenhof", feierten. Für den Erfolg dieses Ereignisses ließ ich sämtliche Beziehungen spielen. Denn zum einen war dieses Fest eine Möglichkeit für die Menschen - nach den schweren Zeiten, die sie erlebt hatten - wieder einmal richtig ausgelassen zu feiern, zum anderen bescherte es mir das Glück, mich bei all den Arbeitern zu bedanken, die ich sonst wohl kaum angemessen hätte auszahlen können. Es waren immer wieder wunderbare Tage, die wir da erlebten. Es gab Eisbein und Schnaps, und all die Arbeiter, ihre Frauen und Kinder, mußten sich wohl wie im Schlaraffenland vorkommen, so viele Köstlichkeiten karrte ich heran. Vier Jahre lang war dieses Ereignis fester Bestandteil meiner Planungen.

Die Zeiten wurden langsam besser. Neben den Schnäpsen und Likören, die ich durch meine Aktivitäten in der Dessauer Gegend und im Berliner Umland gewann, erreichten den Gutshof Alt-Kaulsdorf auch wieder die ersten regulären Spritlieferungen. Unsere Produktion wurde langsam stabil.

Natürlich sprach es sich auch in der russischen Garnison in Wünsdorf herum, daß ich in Alt-Kaulsdorf Wodka destillierte. Schon bald standen Armisten auf meinem Hof. Sie standen plötzlich dort und verlangten nach Wodka. Ich denke, er muß ihnen wohl geschmeckt haben, denn es dauerte nicht lange und ich belieferte die russische Garnison. Ein Umstand, der für meine Firma zum Glücksfall wurde. Die Russen sorgten dafür, daß wir regelmäßige Spritlieferungen erhielten und wir deckten ihren Wodkabedarf ab. Unser Geschäft blühte, denn ihr Durst war enorm. Ich beschäftigte in dieser Zeit immerhin schon 30 Arbeiter. 3000 bis 5000 Flaschen verließen täglich unsere Fabrik. Liköre, Branntwein, Wodka. 5000 Flaschen am Tag hörten sich für damalige Zeiten recht ordentlich an.

Die deutsche Teilung

Mir war klar, daß nach all den Qualen, denen das deutsche Volk während der Kriegsjahre ausgesetzt war, nun endlich eine wahrhafte Demokratie aufgebaut werden mußte. Eine sozial geprägte, völlig neue Gesellschaftsform sollte, das wenigstens war mein Traum, ins Leben gerufen werden. Den entscheidenden Einschnitt in meiner politischen Denkweise erlebte ich noch während meiner Zeit an der Technischen Universität 1946. Im Renaissance-Theater, gegenüber der TU, hielt die SPD des öfteren ihre Zusammenkünfte ab. Dort sah ich zum ersten Mal den Mann, der mich beeindruckte wie noch niemand zuvor. Kurt Schumacher, Vorsitzender der SPD und schärfster Kritiker Konrad Adenauers, hielt im Renaissance-Theater eine flammende Rede. Annemarie Renger, von 1972 bis 1976 Präsidentin des Deutschen Bundestages, saß an seiner Seite und achtete peinlich genau darauf, daß Schumacher sich nicht so ereiferte, daß es über seine Kraft ging. Kurt Schumacher war schon damals ein von der Gefangenschaft im KZ gezeichneter Mann. Er war krank, man kann sogar sagen, er pfiff auf dem letzten Loch. Aber er redete wie ein junger Stier. Alle paar Minuten hielt er inne - Annemarie Renger gab ihm eine der vielen Pillen, die der damals 52jährige zu schlucken hatte - doch dann sprach er weiter als wäre er nicht gebrechlich, sondern voll strotzender Gesundheit. Es kam darauf an, den Menschen einer niedergeschlagenen Nation Hoffnung und Vertrauen in die Demokratie zu geben. Schumacher war Vorkämpfer dieser Idee. Ich habe Willy Brandt sehr geschätzt. Auch von Helmut Schmidt hielt ich viel, aber Kurt Schumacher war derjenige, der nicht nur mir, sondern Millionen Menschen Vertrauen und Kraft für die Zukunft gab. Seine „Schuld" ist es, daß ich 1947 Mitglied der SPD wurde.

Wie groß war meine Enttäuschung, als es im Ostsektor Berlins zum Einigungsparteitag von SPD und KPD kam. „Bewußter und organisierter Vortrupp der geeinten Arbeiterklasse und des werktätigen Volkes" - so ist im DDR-Lexikon zu lesen. Aber was war es wirklich? Es war eine Zwangsvereinigung, ein Verrat an der Sozialdemokratie, ein Etiket-tenschwindel sondergleichen. Nie hatte ich gewollt, daß die Sozialdemokraten in ein kommunistisches Fahrwasser gerieten. Und die SED, das stellte sich damals schnell heraus, war bolschewistisch durch und durch. Mit dem Händedruck von Wilhelm Pieck und Otto Grotewohl war mein politisches Engagement beendet. Der Traum von einer wehrhaften Demokratie im Ostsektor war ausgeträumt. Es regierte eine erzkommunistische Partei, die eigentlich keine Daseinsberechtigung hatte. Wem sie nützte? Den Karrieristen! Wer etwas werden wollte, ging in die SED. Niemand begriff so recht, wohin auch für sie die Zwangsvereinigung hinauslaufen mußte - oder, wie es Stefan Heym 43 Jahre später formulierte: „Macht korrumpiert - absolute Macht korrumpiert absolut!"

Obwohl wir anfingen gute Geschäfte zu tätigen, machten wir doch die ersten unangenehmmen Erfahrungen. Die Hauptstadt Berlin begann sich in politischer Hinsicht zu teilen. 1948 verlegten Magistrat und Abgeordnetenhaus ihren Sitz vom Roten Rathaus ins Rathaus Schöneberg. Während West-Berlin unter Oberbürgermeister Ernst Reuter sein Schicksal an das der Westalliierten knüpfte, verstand sich der Ostsektor als „Speerspitze" des Weltkommunismus. Bereits 1948 erklomm Friedrich Ebert den Bürgermeistersessel im Osten der Stadt. Die Lage spitzte sich dramatisch zu, als Amerikaner, Engländer und Franzosen auf der einen und Russen auf der anderen Seite versuchten, Berlin unter ihre politische Kontrolle zu bekommen. Beide Seiten hatten schnell die Bedeutung Berlins für das gesamte Deutschland, ja für ganz Europa, erkannt. Zwar hatten die Sieger des Krieges unsere Stadt unter eine sogenannte Viermächteverantwortung gestellt, wollten sie also keiner der beiden Systeme direkt zugeordnet wissen, aber das Tauziehen um Berlin entbrannte in vorher ungeahnter Weise. Es war der Beginn des kalten Krieges, in dem sich die Siegermächte von einst erbittert gegenüber stehen sollten. Es kam, wie es kommen mußte: Der Juni des Jahres 1948 wurde zum Schicksalsmonat Deutschlands.

Die von Hitler völlig marode hinterlassene Wirtschaft mußte aufgepäppelt werden. Für die West-Alliierten war es keine Frage, den Wiederaufbau mit anderen Mitteln zu versuchen als mit denen der Marktwirtschaft. Ein Weg, den die Sowjetunion mit ihren verstaatlichten Betrieben und ihrer bolschewistischen Planwirtschaft unmöglich mitgehen konnte. Die logische Folge des ganzen war eine umfassende Währungsreform. Am 20. Juni 1948 beschlossen die West-Alliierten offiziell die Umstellung von Reichsmark auf Deutsche Mark. In Berlin sollte diese „Neuordnung" der Finanzen nur fünf Tage später, am 25. Juni, vollzogen werden. Die Russen hatten diesen Schritt erwartet. Nur einen Tag vor der Währungsreform im Westteil der Stadt wurde hier ebenfalls eine neue Währung mit dem sinnigen Namen „Deutsche Mark" geschaffen. Besonders kurios lief diese „Währungsreform" in Westberlin ab: Wie im Viermächteabkommen festgelegt, sollte Berlin seine Eigenständigkeit behalten. Keinesfalls konnten Charlottenburger, Schöneberger und Steglitzer also mit der D-Mark bezahlen. Das wäre Vertragsbruch. Man umging dieses vorher ausgearbeitete Regelwerk folgendermaßen: Die in Westdeutschland gedruckten Geldscheine wurden mit einem extra Stempel versehen. Von nun an zierte ein großes „B" die Geldscheine. Eine eindeutige Veränderung gegenüber der Mutterwährung D-Mark. Eine neue, nur in Westberlin gültige Währung war geboren: die B-Mark.

Die Folgen der Währungsreform in Westdeutschland waren unglaublich. Konsumgüter aller Art überschwemmten regelrecht den Markt. Findige Geschäftsleute hatten nur auf das neue Geld gewartet, um ihre vorher gehorteten Waren an den Mann bringen zu können. Das Geschäft blühte, die Wirtschaft boomte, doch der marktwirtschaftliche Gedanke errang seinen endgültigen Sieg erst Jahre später.

Die Russen beobachteten die Aktivitäten in Westberlin mit wachsendem Unbehagen. Sollten die Amis auf ewig ihren imperialistischen Stachel im Fleisch eines gesunden kommunistischen Landes haben? Sollte das kleine Berlin den Traum Stalins vom kommunistischen Weltreich auf Dauer stören? Die Sowjets reagierten mit aller Härte: Sämtliche Zufahrtswege nach Westberlin wurden gesperrt. Sei es auf dem Land- oder auf dem Wasserwege. Nur so konnten die Imperialisten in die Knie gezwungen werden. Westberlin sollte ausbluten. Eine Aktion, die als Berlin-Blockade in die Geschichte eingehen sollte.

Was dann folgte ist bekannt: Besonders die Amerikaner ließen sich nicht lumpen. Mit ihren „Rosinenbombern“ starteten sie eine Aktion bis dahin nicht gekannten Ausmaßes. Die Luftbrücke, welche fast ein ganzes Jahr gehalten wurde, versorgte die Berliner mit Nahrungmitteln, ja man kann sagen, sie hielt die Stadt am Leben.

Die Gründung der Deutschen Demokratischen Republik war logisch. Sie ergab sich aus den unterschiedlichen Interessen der einstmals alliierten Mächte. Da waren die Amis, die, wenn auch unauffälliger als Rußland, ihre Interessen im Westsektor vertraten und die sowjetische Militäradministration in Karlshorst, die dafür sorgte, daß ostdeutsche Politiker nach der Pfeife Moskaus tanzten. Die Stalinisten merkten schnell, daß der Westen an einem eigenen politischen Gebilde namens Bundesrepublik werkelte. Was anderes hätte die Sowjetunion also tun sollen, als auf die Gründung der DDR zu drängen? Oft wird die Schuld, wenn man überhaupt von einer solchen sprechen kann, die zur Teilung Deutschlands führte, allein bei den Russen gesucht, doch auch die Westmächte hatten ein reges Interesse daran, Deutschland unter ihre Fittiche zu bekommen. Willy Brandt, 1959 Regierender Bürgermeister von Berlin, berichtet in seinem Buch „Erinnerungen“ über eine Aussage des US-Außenministers John Foster Dulles: „Wenn wir uns in hundert Fragen mit den Russen streiten, in der hunderteinsten sind wir mit ihnen einig: Ein neutrales, womöglich noch bewaffnetes Deutschland, das zwischen den Fronten hin und her marschieren kann, wird es nicht geben.“ Zur gleichen Zeit sagte Chruschtschow zum französischen Außenminister, er ziehe es vor, zwanzig Millionen Deutsche auf seiner Seite, statt siebzig Millionen gegen sich zu haben. Was anderes könnte die Interessen der Besatzer besser beschreiben als diese Aussagen? War das der Preis dessen, was Hitler der Welt angetan hatte?

An den 7. Oktober 1949, den Gründungstag der DDR, erinnere ich mich noch genau. Schon kurz nach Ende des Krieges hatte ich mit meinem Schwager zusammen ein Eckgrundstück in Steglitz gekauft. Es war völlig zerbombt, kein Stein stand mehr auf dem anderen. Doch für unsere Zwecke schien es hervorragend geeignet. Also enttrümmerten wir es und bauten aus den Steinen, also aus dem Schutt des kaputten Hauses, eine ansehnliche Fabrikhalle. Bereits während meiner Tätigkeit an der Technischen Universität hatte ich mich eine Zeit lang rein experimentell mit sogenannten Hartlötungen unter Schutzgas, also reduzierter Atmosphäre, befaßt. Diese meine Erfahrungen wollte ich mit meinem Schwager zusammen für den Aufbau einer neuen Firma nutzen. Am 7. Oktober war unsere Halle kurz vor der Fertigstellung. Eigentlich sollten wir unsere Bauarbeiten lange beendet haben, aber unvorhergesehene Schwierigkeiten machten uns ein ums andere Mal einen Strich durch die Rechnung. Die Zeit drängte, mußten wir doch einen Großteil unseres Baumaterials vom Ostteil Berlins in den Westen der Stadt transportieren.

An jenem 7. Oktober also war der Bau unserer Fabrikhalle schon gehörig fortgeschritten. Nur eines fehlte noch: das Dach. Balken und Bretter lagerten bereits auf meinem Firmengelände in Kaulsdorf. Bis zum

Tage der DDR-Gründung hätte dies kein weiteres Problem bedeutet. Doch just an diesem Tag führten die Vopos die ersten Grenzkontrollen durch. Das Außerlandesbringen von Baumaterial hätte ihnen - so jedenfalls meine Befürchtung - auf´s Äußerste mißfallen müssen. Meine Halle stand quasi von einem Tag auf den anderen in einem anderen Land als ihr Dach. Jetzt war guter Rat teuer. Mein Prokurist brachte mich schließlich auf eine Idee. Sie war glänzend, sie war so blendend, daß wir uns sofort gemeinsam auf den Weg machten.

Nach langer Fahrt entlang der neuen, nach nur ein paar Stunden gewachsenen, Grenze fanden wir das passende Fünkchen, das zum Entfachen unserer feurigen Idee nötig war. Das Fünkchen erschien uns in Form eines holzverarbeitenden Betriebes genau im Niemandsland zwischen Ost und West. Eine Auffahrt zum Firmengelände befand sich im Osten, die andere im Westen der Stadt. Unser Plan war folgender: Wir würden das Dachgebälk unter dem Vorwand, die Firma würde noch einige Arbeiten an den Brettern vornehmen, von der Ostseite auf das Niemandsland schaffen und es nach einigen Minuten gen Westen verlassen. So entzogen wir uns der Kontrolle der Vopos, dem Zoll und einem eventuellen Ausfuhrverbot.

Die Sache klappte. Ich fuhr mit einigem Abstand hinter dem LKW, der das Gebälk geladen hatte, her und beobachtete das Treiben aus der Entfernung. Mein Prokurist, der neben dem Kraftfahrer des Brummis gesessen hatte, sprach mit dem an der Grenze postierten Polizisten. Nach ein paar Minuten der Spannung winkte der ab, und unter seinen Augen und denen seiner Grenzerkollegen fuhren wir mit unserem schönen Dach ungehindert in den Westteil Berlins.

Die dazugehörige Dachpappe, die ich in der DDR gekauft hatte, nahmen teils Freunde, teils einige meiner Arbeitnehmer, in kleinen Rollen unter den Arm geklemmt und als Eigenbedarf deklariert, per S-Bahn über die Grenze. Das Heer der Boten brauchte einen ganzen Tag, bevor sie das Objekt der Begierde, mit völlig unschuldigen Gesichtern, in das plötzlich entstandene kapitalistische Ausland transportiert hatten.

Übrigens existiert die Steglitzer Firma, welche von nun an in unserer neuen Fabrikhalle untergebracht war, bis heute - also auch während der Herrschaft der Kommunisten im anderen Teil Berlins. Wir nannten sie Iron GmbH. Meine neue Firma übernahm vor allem die Hartlötungen für alle erdenklichen Maschinen. Ob Schreibmaschine oder Fernschreiber - wir arbeiteten im Auftrage von Bosch, Siemens oder IBM. Sogar am Autobau waren wir, wenn man das so sagen kann, beteiligt. Ob Vergaser oder Gestänge, die Iron GmbH mischte überall mit. Als sich die Trennung der deutschen Wirtschaft abzeichnete, übernahm mein Schwager die Geschicke des Unternehmens. Ich blieb stiller Teilhaber. Als man mich später enteignete, blieb mir deswegen noch immer die innere Befriedigung, die Kommunisten bereits vor dem Bau der Mauer ausmanövriert zu haben. Als, ich glaube es war im Jahre 1956, eine staatliche Verordnung herausgegeben wurde, die jede wirtschaftliche Betätigung im kapitalistischen Ausland verbot, war ich bereits aus dem Schneider. Mein durch die Iron GmbH entstandenes Auslandsvermögen meldete ich ordnungsgemäß an - das war alles. Als stiller Teilhaber meiner Westfirma war ich gewissermaßen wirklich nicht wirtschaftlich tätig. Man konnte mir also keine Heimlichkeiten vorwerfen.

Revolte

Der Streik begann am frühen Morgen, eigentlich schon zu der Zeit, als die Arbeiter der Stalinallee ihre Arbeit aufnehmen sollten. Die Regierung steckte immer höhere Planziele. Der Lohn war karg. Auf der Stalinallee diskutierten die Menschen. Die Arbeit ruhte. Am 17. Juni 1953 war ich geschäftlich in Berlin unterwegs. Gegen Mittag besuchte ich einen Kunden in der Bersarinstraße, eine Nebenstraße der damaligen Stalinallee. In seinem Lokal „Zur Bierglocke" waren zu der Zeit nur einige wenige Gäste. Wir ließen uns an einem der Tische nieder und verhandelten, als die Tür plötzlich aufgestoßen wurde und ein aufgeregter, gehetzt wirkender Mann die Gaststube betrat. „Da draußen tut sich was. Die Arbeiter der Stalinallee proben den Aufstand." Doch zunächst blieb alles ruhig. Wieder und wieder kamen Gäste, setzten sich zueinander und unterhielten sich über die merkwürdigen Vorgänge auf der Straße. Es war bereits später Nachmittag, als ein Mann hereinstürzte: „Da kommen Panzer! Panzer aus Karlshorst!" Einige Gäste gingen hinaus, um die heranrollenden Kettenfahrzeuge zu sehen. Mir wurde die Sache brenzlig. Ich stürzte zu meinem Auto und schwirrte über die von Demonstranten noch nicht besetzte Rigaer Straße davon. Nein, ich war kein Revoluzzer. Ich bin nie revolutionär hervorgetreten.

Der Volksaufstand vom 17. Juni war bedeutend, aber klein im Ansatz. Die Menschen, die dort den Aufstand probten, waren die Bauarbeiter der Stalinallee und die Hennigsdorfer Stahlkocher. Daß die Straßen Ostberlins so bevölkert waren, lag auch an den vielen Schaulustigen, die von sowjetischen Panzern auf Berlins Straßen scheinbar nicht genug bekommen konnten. Der Funke griff nicht über. Und das, obwohl die meisten Berliner eher gegen das SED-Regime eingestellt waren. Auch meine Arbeiter, die gesamte Belegschaft der Schilkin KG, legten, als sie von den Ereignissen erfuhren, die Arbeit nieder. Nicht, daß sie die Aufständischen unterstützen wollten, nein, sie gingen nach Hause, um Radio zu hören. Wir alle zogen es vor, uns die Ereignisse aus der Ferne zu betrachten. Die Demonstranten, die ihrem Unmut dem kommunistischen System gegenüber Luft machten, sind nicht im entferntesten mit den Menschenmassen zu vergleichen, die 1989 die Wende und den Untergang der alten DDR heraufbeschworen. Wären die Russen damals nicht dazwischen gegangen, hätte die Geschichte vielleicht anders verlaufen können. Doch gab es diese Gefahr nicht auch im Jahre '89? Die Menschen hatten die Nase voll, dauernd gegängelt zu werden, aber wenn die Staatsmacht mit all ihren zur Verfügung stehenden militärischen Mitteln durchgriff, haben Demonstranten noch nie eine Chance gehabt. Das war am 17. Juni so, und das war - wohl bestes Beispiel, wie furchtbar die Faust einer Diktatur zuschlagen kann - auf dem Platz des himmlischen Friedens in Peking so. Was hatten wir in Leipzig für ein Glück...

Nach dem Scheitern des Juniaufstandes war mir klar: „Das war`s für die nächsten zwanzig Jahre“. Noch einmal würde sich das von Moskau gesteuerte SED-Regime nicht so vorführen lassen. Überwachung und Gleichschaltung wurden zum Gerüst der kommunistischen Machterhaltung. Die Stasi nahm ihre Arbeit auf. Bis 1989 mit Erfolg.

Eines der vorerst letzten gemeinsamen Fotos unserer Familie. Ich im Kreise meiner Frau Erna und den beiden Töchtern Elke und Iris (rechts). Noch während des Baus der Berliner Mauer flüchtete Elke in den Westen.

„Woll'n wir über Gerechtigkeit reden?"

Unter Ulbricht wurden dann - nach dem Vorbild der ruhmreichen Sowjetunion - die ersten „Volkseigenen Betriebe" gegründet. Auch mich und meine Schilkin KG hatten die roten Wirtschaftsplaner auf dem Kieker. Nur, wie sollten sie meine Firma übernehmen? Noch gab es keinerlei rechtliche Grundlage, die eine Enteignung hätte rechtfertigen können. Nun, wiedereinmal, wandte man bolschewistische Methoden an. Ich fühlte mich regelrecht in meine St.Petersburger Kinderzeit zurückversetzt. Am frühen Morgen läutete es an unserer Wohnungstür. Was heißt es läutete, es klingelte Sturm. Freunde? Geschäfte? Nein, müde und verdattert öffnete ich einigen Stasibeamten die Tür. Ich war überrascht, wenn auch nicht ganz so, wie es sich die Beamten wohl gewünscht hatten. Jeden Abend bevor ich zu Bett ging, wich die Frequenz meines Lieblingssenders RIAS Berlin der eines Ost-Senders. Westliche Zeitschriften wurden unter Matratzen und in Schränken versteckt. Marx, Engels und Lenin standen im Bücherregal in der ersten Reihe. Man mußte vorsichtig sein. Die Herren des Staatssicherheitsdienstes waren so wohl auch angenehm überrascht. Sie wühlten im Bücherschrank - ich bat sie, keine Eselsohren ins „Kapital" zu machen. Sie schalteten das Radio ein - meine Töchter hörten so gerne die RIAS-Kindersendungen mit Onkel Tobias - und hörten die ostdeutschen Nachrichten. Ärgerlich nur, daß ein ganz besonders windiger Beamter einige Monatshefte von Readers Digest zwischen Armlehne und Sitzkissen meines Sessels fanden. Meine Frau Erna hatte sie vor geraumer Zeit dort versteckt und später vergessen. Der Staat sah mir das nach - wenn ich doch um meine marxistischen Philosophen eine solche Angst hatte ...!

Die morgendlichen Besuche der Staatsdiener wiederholten sich einige Male. Man suchte nach „Propagandamaterial“ und fand nichts. Kurz, man wollte mich und meine Familie beunruhigen. Man wollte, daß ich verschwinde. Wie gut hätte sich die Schilkin KG in den Händen der Kommunisten gemacht. Doch aus meiner Republikflucht wurde nichts. Ich blieb.

Das Regime gab nicht auf. Wenn man mich schon nicht aus dem Lande ekeln und meine Firma nicht komplett übernehmen konnte, so wollte man doch wenigstens zu Anteilen an ihr kommen. Wie? Die Sache war furchtbar einfach. Man suchte sich als Aufhänger Steuerschulden.

1958 beschlossen die Finanzämtler, meine Bücher einer sogenannte Tiefenprüfung zu unterziehen. Schon immer hatte ich meine Steuern pünktlich und regelmäßig gezahlt. Doch was sich die kommunistischen „Wirtschaftsfachleute“ mit mir einfallen ließen, war schlicht und einfach Erpressung. Man rechnete auf einmal sämtliche überhöhten Löhne und Gehälter auf, die ich vom ersten Friedenstag bis ins Jahr 1958 hinein gezahlt hatte. Bei mir verdienten die Angestellten in der ersten Zeit etwa 350 Mark im Monat, später sogar 550 Mark. Nicht, daß ich diese Gehälter aus reiner Nächstenliebe zahlte, aber irgendwie mußte ich den flugs gegründeten VEB natürlich Paroli bieten. Der Witz an der Sache war nämlich dieser: Während die „Volkseigenen Betriebe“ höhere Löhne zahlen konnten, durften das die privaten nicht. Nur: Wie, wenn nicht mit gerechten Löhnen, konnte ich meine Arbeiter am Abwandern hindern? Folglich kamen die Steuerprüfer - die ja die Bücher von 13 Jahren kontrollierten - auf eine riesige Summe, die ich plötzlich schuldig sein sollte. Über 250.000 Mark sollte ich in einer Frist von gerade mal drei Monaten an den Staat berappen. Diesen Schikanen stand ich mit meiner kleinen Firma machtlos gegenüber. Ich war praktisch pleite.

Sollte ich die Brocken hinschmeißen? Immer wieder probierte ich, die Zahlungsfrist zu verlängern und Hilfe zu bekommen, wo ich nur konnte. Nur: Ich bekam sie nicht. Ich schrieb an an das Finanzamt, an den Magistrat, an die Gewerkschaft und die Partei. Überall stieß ich auf taube Ohren. Alle gaben mir nur ihr Bedauern zum Ausdruck. Dennoch: Ich wollte kämpfen wie ein Löwe. So einfach ließ ich mir die Firma nicht wegnehmen.

Meine letzte Hoffnung setzte ich in Ostberlins Oberbürgermeister Friedrich Ebert. Bewaffnet mit einem Schriftstück, das ich an den Berliner Magistrat gerichtet hatte, rief ich ihn an. „Ich weiß nicht, lieber Herr Ebert, ob sie wissen, was bei mir hier los ist?“ Seine Antwort überraschte mich: „Ich bin im Bilde. Kommen Sie doch gleich mal in mein Büro! Wenn Ihnen jetzt nicht geholfen wird, dann setzen Sie sich doch bestimmt nach West-Berlin ab“, sagte der Bürgermeister bestimmt. „Ja“, sagte ich, „das würde ich machen“. „Keine Angst, Herr Schilkin, wir kriegen das hin!“

Einen Tag später tauchte ich in Eberts Büro auf. Er saß hinter einem riesigen Schreibtisch und erwartete mich schon. „Nun erzählen Sie doch mal, Herr Schilkin!“, forderte mich der Oberbürgermeister freundlich auf und machte es sich in seinem Sessel bequem. Etwas zaghaft begann ich, ihm meine Probleme zu schildern. Der damals 62jährige lehnte sich zurück und sagte gar nichts. Ich sprach über alle Einzelheiten meines Schriftverkehrs mit Magistrat und Partei. Ebert betrachtete mich durch seine Hornbrille und sagte nichts. Ich zog Papiere aus meiner Tasche und trug sie ihm vor. Ebert lehnte gelassen in seinem Stuhl. Keine Zwischenfrage, kein Stirnrunzeln. Nicht eine kleine Bewegung verriet mir seine Gedanken. Als ich kurz vor dem Ende meiner Ausführungen stand, packte mich die Wut. „Herr Oberbürgermeister, diese Ungerechtigkeit darf es doch wohl nicht geben!“ Ebert erhob sich, ging um seinen Schreibtisch, legte mir beschwichtigend die Hand auf die Schulter und sagte einen Satz, den ich nie vergessen werde: „Aber lieber junger Mann, woll`n wir nun über Gerechtigkeit reden oder darüber, wie wir Ihren Betrieb über die Runden kriegen?“ Stille - ich war perplex.

„Selbstverständlich, wie wir den Betrieb über die Runden kriegen“, entgegnete ich erstaunt. Ebert setzte sich wieder. Ruhig sagte er: „Ich habe mir schon einige Gedanken gemacht. Wir kriegen das hin. Sie sollen Ihren Betrieb behalten.“ „Oh“, dachte ich, „ein netter Mann.“ Aber dann rückte er mit der Sprache heraus. „Ich habe schon mit der Deutschen Notenbank gesprochen. Wir werden Ihr Problem dadurch lösen, daß ihre Viertelmillionen-Schuld als Teil einer staatlichen Einlage betrachtet wird“. Dann fing er an, mir diese staatliche Beteiligung schmackhaft zu machen. „Sie sind jetzt an einem Punkt, wo Sie sich wünschen können, was sie wollen. Es ist märchenhaft. Rechnen Sie doch mal aus, wieviel Kapital Sie in Ihrem Betrieb verbleiben lassen wollen, und rechnen Sie mal durch, was Sie vom Staat als Kapital zu den 250.000 Mark hinzubekommen werden. Ich rufe sofort den zuständigen Genossen von der Bank an". Damit war die Sache erledigt.

Da Ebert sehr an meinem Verbleib in der DDR interessiert schien, hatte ich völlig freie Hand in der Wahl meiner Anteile. Mit dem Sachbearbeiter von der Bank, einem Herrn Meier, regelte ich alle Einzelheiten. 15 Prozent am Kapital des Betriebes behielt ich, der Staat kaufte sich mit 85 Prozent bei mir ein. Wir unterschrieben eine grobe Vereinbarung. Plötzlich leitete ich einen Betrieb mit staatlicher Beteiligung. Bevor ich ging gab mir dieser Meier noch einen Tip mit auf den Weg. „Herr Schilkin", sagte er, „bilden Sie sich bloß nicht ein, daß Sie ein Betrieb mit staatlicher Beteiligung bleiben. Es wird gar nicht mehr lange dauern, dann sind Sie ein VEB!" Ein Wink mit dem Zaunpfahl. Das sollte heißen: „Machen Sie sich aus dem Staub!"

In den folgenden Jahren wurden wir zum Musterbeispiel dessen, was ein halbstaatlicher Betrieb zu leisten imstande ist. Die Firma entwickelte sich, wir machten erste Exportgeschäfte. Besonders bemüht waren wir, einen Fuß in den westeuropäischen Markt zu bekommen. Natürlich war das nicht einfach. Die starke Stellung der Spirituosengiganten machte es uns schwer.

Dabei kam uns zugute, daß sämtliche wirtschaftlichen Kontakte, die den Export ins „nichtsozialistische Wirtschaftsgebiet" betrafen, vom Staatlichen Außenhandel „Nahrung und Genuß" geknüpft wurden. Wenn ich zu Verhandlungen ins Ausland fuhr, war selbstverständlich immer ein Außenhandelsmitarbeiter an meiner Seite. Das Konzept des Staates war nämlich dieses: Da wir als Schilkin KG eine der wenigen Firmen waren, deren Markenname auch im Ausland bekannt war, setzte man uns gezielt als Devisenbeschaffer ein. Unser Schnaps wurde in Westdeutschland, Holland, England oder Italien unter dem normalen Preisniveau verkauft. Für die „Kapitalisten" der Anreiz, einen guten Schnaps zum Schnäpp-chenpreis zu bekommen. Das brachte dem Staat Devisen. Uns jedoch wurde der marktübliche Inlandpreis in DDR-Mark gezahlt. Eine Regelung, mit der alle beteiligten Parteien zufrieden sein konnten. Da der staatliche Außenhandel daran interessiert war, auch weiterhin Geschäfte dieser Art zu tätigen, bekamen wir sogar Devisen, um in westliche Maschinen, Abfüllanlagen, Etiketten und Verschlüsse zu investieren. Die Folge: Unser Verkaufsrenner, der „Serschin Wodka Silber", wurde nur noch exportiert oder aber an Intershops geliefert. So erreichte die Firma Schilkin bald eine enorme Größe. Schon 1958 wurden aus den ehemals 30 Beschäftigten fast 138 Arbeiter. Mit dem Einstieg des Staates in meine Firma explodierte der Umsatz. Während ich vor 1958, also als Privater, unter den ständigen Schikanen des Staates zu leiden hatte, kein Material und keine Rohstoffe bekam, niedrigere Löhne zahlen mußte etc., unterlag ich als „Halbstaatlicher" nun keinen Beschränkungen mehr. Im nachhinein kann ich sagen, der Einstieg des Staates in meinen Spirituosenhandel hatte nur nützliche Auswirkungen. Noch immer besaß ich alle Entscheidungsgewalt. Der Staat achtete nur darauf, seine Gewinne zu bekommen.

Oft besuchten mich Wirtschaftsdelegationen aus dem westlichen Ausland. Kein Zweifel: Auch ihnen erschien eine staatliche Beteiligung an einem privaten Unternehmen der beste, sinnvollste und wohl auch außergewöhnlichste Weg, um die Wirtschaft anzukurbeln.

Ulbrichts Gedanke, eine Verbindung zwischen Staat und Privaten einzugehen, schien mir nun auch als Ideal einer funktionierenden Wirtschaftspolitik. Daß er dabei freilich nicht den von Marx, Engels und Lenin „Keine Produktionsmittel in private Hand!" geforderten Weg ging, sollte ihn noch teuer zu stehen kommen.

Der nette Herr Ulbricht

Alljährlich fand im Wappensaal des Roten Rathauses eine von Walter Ulbricht angeregte große Leistungsschau statt. Alle halbstaatlichen Betriebe waren aufgefordert, ihre neuesten Produkte einer breiten Öffentlichkeit vorzustellen. Natürlich beteiligte auch ich mich an der „kleinen Messe“, denn ich hatte - mal wieder - einen Knüller gelandet. Mit den mir vom Außenhandel zur Verfügung gestellten Devisen hatte ich einen Rohstoff namens Batavia Arrak erworben und kreierte mit seiner Hilfe den „Schwedenpunsch“. Batavia Arrak ist ein Brantwein, der, ähnlich wie Rum, aus Zuckerrohrmelasse unter Verwendung von Reis hergestellt wird. Produziert wurde dieser Arrak vorwiegend in Ostindien, Indonesien und Thailand. Zu kaufen war er natürlich nur gegen „harte“ Devisen. Ich landete den großen Coup. Meinen Batavia Arrak bezog ich direkt aus Java. Er war einfach wie geschaffen zur Herstellung meines „Schwedenpunsches“. Denn - so schwebte es mir vor - dieses Getränk sollte besonders etwas für die heißen Sommertage sein. Kalt, erfrischend, mit einem wunderbaren Aroma, das erst in einem frostigen Glas voll zur Entfaltung kommt. Am ersten Tag der Leistungsschau drehte auch Walter Ulbricht seine Runde um die verschiedenen Stände. Er trug einen dunklen Straßenanzug, ein weißes Hemd und - wie ich mich erinnere - einen sehr geschmackvollen Schlips. Seine Frau achtete peinlich genau darauf, daß er immer gut angezogen war. Hier und dort hielt er sich eine Weile auf, sprach mit den jeweiligen Firmeninhabern und erkundigte sich nach dem neuesten Stand der Dinge. Dann kam er zu mir. Auch hier blieb er stehen. „Was ist das?", fragte er mich in seiner so typischen hohen Stimmlage. Ich stand ihm Rede und Antwort. Allein, viel sprachen wir nicht. Dann ging er weiter in einen eigens für uns hergerichteten Konferenzsaal. Ich unterhielt mich derweil angeregt mit einigen Kollegen der Telefon- und Signalbau KG.

Ulbricht gab ein Festbankett. Sein Dank an all die Inhaber halbstaatlicher Betriebe, die einen gehörigen Anteil daran hatten, daß es mit der DDR wirtschaftlich bergauf ging.

Die Tische im Konferenzsaal waren U-förmig aneinandergereiht. Ringsherum saßen die Vertreter der verschiedenen Firmen. Ulbricht selbst hatte an der Stirnseite des Us, gleich am Eingang zum Saal, Platz genommen. Der Raum war voll. Das Bankett konnte beginnen. Oder etwa doch nicht? Einer fehlte - nämlich ich. Noch immer schwatzte ich an meinem Stand mit Kollegen über irgendwelche Neuerungen, als plötzlich ein Bediensteter zu mir stürzte und keuchte: „Herr Schilkin, Herr Schilkin, um Gottes Willen, alles wartet nur auf Sie!" Es war mir ehrlich peinlich, daß der Generalsekretär der Sozialistischen Einheitspartei Deutschlands auf einen Unternehmer namens Schilkin warten mußte, also stürzte ich dem dienernden Beamten hinterher, in den Konferenzsaal hinein. Als ich die Tür öffnete, wurde es mucksmäuschenstill. Alle sahen mich an - auch Ulbricht. Mir war wahrlich nicht wohl zumute. Zumal ich mich umblickte und kein, aber wirklich kein einziger Platz mehr frei war, auf den ich mich hätte setzen können. Am Ende des Saales waren womöglich noch ein paar freie Stühle. Nur: Sollte ich jetzt vor den Augen aller durch den Saal marschieren? Ich, der ich zu spät kam?

Direkt zwischen Ulbricht, der genau vor mir saß, und Konrad Naumann, dem Vorsitzenden der Berliner SED-Bezirksleitung, war noch ein Plätzchen frei. Niemand hatte sich getraut, neben dem Staatsratsvorsitzenden Platz zu nehmen. Also schlenderte ich, wie selbstverständlich, zu diesem freien Stuhl. Er war wie geschaffen für mich. Im Saal war's noch immer still. Ich ergriff die Lehne, zog mir den Stuhl zurecht und nahm Platz. Ein kurzes Nicken zu Ulbricht - ich war da. Freunde, es kann los gehen. Das Erstaunen der ganzen Gesellschaft - einschließlich Ulbrichts und seiner Sicherheitskräfte - kann man sich gar nicht vorstellen.

Als Walter Ulbricht mit seiner obligatorischen Festansprache geendet hatte, schien sich der Saal noch immer zu fragen: „Ist der Schilkin nun ein Freund von Ulbricht oder ist er schlicht und einfach rotzfrech?" Ich war rotzfrech. Übrigens: Es folgte ein durchaus nicht unangenehmes Gespräch mit Ulbricht und Naumann. Besonders Ulbricht war ein sehr sympathischer Mann. Er sprach unbekümmert und - ich staunte nicht schlecht - verlor sogar seine ihm so eigene Fistelstimme. Ich weiß nicht, warum er bei seinen zahllosen Reden immer diesen Fistelton - anders kann man es wirklich nicht nennen - in der Kehle hatte. Mag sein aus Aufregung. Das jedenfalls wäre ein Umstand, der mir den Mann noch sympathischer machen würde.

Aus heutiger Sicht scheint die Frechheit, mich zwischen die beiden wichtigsten Männer des Staates zu setzen, fast schon unglaubwürdig. Überall standen Ulbrichts Sicherheitskräfte. Daß sie mich so einfach haben gewähren lassen, gibt zu denken. Natürlich brachten mir Ulbrichts Bodyguards auch eine Menge Spaß. Nachdem sich meine Berührungsängste gegenüber dem Generalsekretär gelegt hatten, machte ich sogar meine heimlichen Späßchen mit den Beamten. Einmal griff ich wie unabsichtlich in meine Hosentasche, um nach einem Taschentuch zu suchen. Sofort standen zwei Beamte hinter mir. Bereit, sich auf mich zu stürzen. Bereit, mich abzuführen. Ob sie enttäuscht waren, als ich statt einer Pistole ein Stück Stoff zum Vorschein brachte? Keine Ahnung, aber dieser Akt bereitete mir ungeheuren Spaß. Ich wiederholte das Spiel noch einige Male, während ich mich abwechselnd mit Ulbricht und mit Naumann unterhielt. Es war einfach göttlich.

Ich würde sagen, die Regierung unter Ulbricht war mir wirklich wohlgesonnen. Wenn das ein teilweise Enteigneter von seiner Regierung überhaupt behaupten kann. Ich glaube, nach anfänglicher Unsicherheit des Staates, wie die Unternehmer wohl zu ihm stehen würden, wähnten die Parteigenossen, wenn doch nicht alle, so wenigstens mich auf ihrer Seite. Den Beweis in Form von umfangreichem Aktenmaterial überbrachte mir ein ältlicher, gesetzter Herr von der Staatssicherheit. Mit den Worten „Ich möchte jetzt endlich Klarheit über einige Meldungen haben", kam er zu mir ins Büro. Aus dem Inneren seiner riesigen Aktentasche brachte er zwei dicke Wälzer zum Vorschein. „Herr Schilkin", sagte der Mann, „ich möchte Ihre Akten bereinigen. Mir ist klar, daß viele Berichte, die ich über Sie habe, so nicht stimmen können. Da gibt`s einige Ungereimtheiten." Er las mir aus seinem Material vor, fing an, mich über dieses und jenes zu befragen, und mir war schnell klar: Ich wurde beobachtet. Die Orte, an denen ich einmal gewesen war, stimmten. Die Personen, mit denen ich mich laut Akten einmal getroffen hatte, existierten wirklich. Alles war genau und minutiös festgehalten. Allein, was meine Beobachter als Gründe für diese Treffen oder Reisen angaben, die Hintergründe, die sie dabei vermuteten, erwiesen sich als haarsträubender Blödsinn. Tausend Kleinigkeiten standen in diesen Akten. Dinge, die ich einmal gesagt hatte, Pläne, die ich hätte haben können - alles war peinlich genau sortiert. Ich redete, man kann sogar sagen, ich schwatzte mit dem Herren von Geheimdienst über meine Vergangenheit. In den meisten Fällen konnte ich ihm erklären, was ich an diesem oder jenem Ort getan hatte. Es war ein angenehmes Gespräch. Am Ende unserer Unterhaltung bat er mich: „Nehmen Sie diesen Besuch nicht tragisch. Es liegt nichts gegen Sie vor.“ Und dann fast flehentlich: „Kommen Sie bloß nicht auf die Idee, Republikflüchtiger zu werden.“

In gewisser Weise war der Besuch dieses Mannes eine Erleichterung für mich. Er bewies: Man wollte mir keinen Strick mehr drehen. Im Gegenteil, die Herrschaften von der Partei waren an meinem Verbleiben in der DDR mehr denn je interessiert. Den Auftrag, meine Akten zu bereinigen, hatte der Stasi-Mann schließlich nicht von irgendeinem Hausmeister bekommen. Und die Spitzel? Ich denke nicht, daß sie aus meiner näheren Umgebung kamen. Zuviele der Informationen waren einfach aus den Fingern gesaugt. Freunde hätten mehr und vor allem wahrheitsgemäßer plaudern können. Dennoch, selbst wenn ich heute die Möglichkeit hätte, die Namen der Informanten zu erfahren, ich würde sie nicht nutzen. Wer will sich schon eines Besseren belehren lassen?

Mauer und Meißner

Die sechziger Jahre - Willy Brandt war „Regierender von Berlin“, Heinrich Lübke Bundespräsident und John F. Kennedy Chef des Weißen Hauses in Washington - sollten goldene Jahre für Deutschland werden. Die Teenager flanierten mit ihren Kofferradios über den Kurfürstendamm. Elvis-Tolle, Petticoat und Pferdeschwanz kamen groß in Mode. Die S-Bahn kostete zwanzig Pfennig. Ulbricht log mit seiner Fistelstimme („Niemand hat die Absicht, eine Mauer zu errichten“) und sein Kronprinz bastelte an seinem Gesellenstück. Sein Name: Erich Honecker; von Beruf: Dachdecker. Honecker war ein sehr vielseitiger Mann. Der Umstand, daß er Dachdecker war, konnte nicht darüber hinwegtäuschen, daß er auch mauern konnte. Den Beweis lieferte er mit seinem „Antifaschistischen Schutzwall“.

Meine Frau fuhr im Sommer zu Freunden in den Westteil der Stadt. Es gab irgend etwas zu feiern, dessen bin ich mir sicher, denn sie hatte die Wochen und Monate vorher emsig nach einem passenden Geschenk für ihre Westberliner Freunde gesucht. Letztendlich entschied sie sich für ein komplettes Service der Marke „Koralle“ aus echtem Meißner Porzellan. In einem Geschäft an der Straße „Unter den Linden“ kaufte sie Tassen, Terrine, Untertassen - alles einzeln, alles innerhalb weniger

Wochen. Als sie ihre Porzellan-Kollektion schließlich beisammen hatte, machte sie sich auf den Weg nach Westberlin. Die S-Bahn, damals von der Reichsbahn betrieben, fuhr fast ungehindert in den Westen der Stadt. Als störend empfanden wir nur die ständigen Grenzkontrollen. Aber selbst das war nicht weiter schlimm. Meine Frau Erna also bestieg den Waggon. Die Bahn tuckerte langsam dahin. Jannowitzbrücke - Alexanderplatz - Hackescher Markt - Grenzkontrollpunkt Friedrichstraße. In jeden Wagen stieg hier ein Zöllner ein. Langsam marschierte er durch den Waggon und ließ sich die Ausweise der Fahrgäste zeigen. Einige Male warf er einen mißtrauischen Blick auf ihr Gepäck. Der eine oder andere mußte zwecks ausführlicher Kontrolle den Wagen verlassen und auf dem S-Bahnhof auf die Weiterfahrt warten. Wie beschrieben war das etwas störend, aber weitgehend unkompliziert. Meine Frau hatte ihre Tasche, randvoll gefüllt mit Meißner Porzellan, neben sich auf die Sitzbank gestellt, als der Zöllner auch ihren Ausweis überprüfen wollte. Der Wagen war voller Menschen. Der Polizist drängte sich durch die Massen. Ein kurzer Blick, schon nahm er ihr Dokument. „Kommen Sie bitte mit!“ War Erna nun panisch oder vergeßlich? Sie folgte dem Grenzer ins Zollhäuschen und ließ die Tasche mit dem teuren Porzellan auf der Sitzbank zurück. Natürlich absichtlich, sonst hätte man das teure Geschenk sofort konfisziert. Mit einem dumpfen Rattern entschwand der Zug in Richtung Westen. Nach einer kurzen Kontrolle bestieg sie mit einer gehörigen Wut die nächste S-Bahn. Hatte vielleicht einer der Fahrgäste ihr Mißgeschick beobachtet? Bestand nicht irgendeine Möglichkeit, das „Meißner“ zurückzubekommen? Vielleicht wartete der ehrliche „Finder“ an der nächsten Station, dem Lehrter Stadtbahnhof. Sie beschloß, dort auszusteigen und auf ihr Glück zu vertrauen. Es geschah etwas, was heute kaum noch für möglich gehalten wird. Am Lehrter Stadtbahnhof erwartete sie ein Ehepaar. Die Tasche mit dem Porzellan in der Hand und mit einem verlegenen Lächeln auf den Lippen. Sie hatten die Szene mit dem Grenzer beobachtet und das Gepäck schnell an sich genommen. Nur ein Zeichen, wie solidarisch sich die Berliner, ungeachtet aller politischen Differenzen, untereinander verhielten. Nun, viele solcher Fahrten konnte meine Frau nicht mehr unternehmen.

Am 12. August 1961 konnten es die Berliner im SED-Zentralorgan „Neues Deutschland" schwarz auf weiß lesen: „Das Maß ist voll. Die Regierung und die Werktätigen der Deutschen Demokratischen Republik werden sich gegen westliche Agenten, Menschenhändler und Provokateure zu schützen wissen." Hat`s niemand geglaubt oder hat`s niemand gelesen? In der Nacht vom 12. zum 13. August vernehmen die Menschen das schwere Rasseln von Kettenfahrzeugen auf ostdeutschen Straßen. Einheiten der Volkspolizei sowie der Kampfgruppen krochen gefechtsmäßig ausgerüstet und mit schwerem Gerät in Richtung Berlin. Einer der Helden des zweiten Weltkrieges, Iwan Konjew, läßt seine Männer zur selben Zeit an der 164 Kilometer langen Grenze um Berlin aufmarschieren. Auf der Westseite ist es ruhig. Keine besonderen Vorkommnisse. Erste Unruhe auf seiten Westberlins entsteht durch einen Vorfall ganz anderer Art. Der S-Bahnverkehr wird in den Westsektoren eingestellt. Die Züge stoppen, die wenigen Fahrgäste müssen aussteigen und erhalten ihr Geld zurück. Wußten Polizei und Regierung mit diesen Vorfällen noch wenig anzufangen, so wurden sie bald aufgeklärt. „Panzer am Lustgarten!“, „Militärlastwagen auf dem Pariser Platz!“, „Russische Truppen auf den Straßen Ostberlins!“ hießen die Meldungen, die die Welt erschauern ließen. Und: „Unter den Linden stehen T34 aus dem zweiten Weltkrieg!“ Vor dem Brandenburger Tor wird die Straße aufgerissen und endlos lange Rollen Stacheldraht verlegt - die Westberliner Polizisten starren derweil in die Mündungen russischer Maschinenpistolen. Um 3.25 Uhr unterbricht RIAS-Berlin seine Nachtsendung: „Starke Verbände der kasernierten Volkspolizei, der Nationalen Volksarmee und der Kampfgruppen haben in der Nacht zum Sonntag die Sektorengrenze abgeriegelt!“ Um 3.30 Uhr heißt es: „Das Brandenburger Tor ist geschlossen!“

War die „Einkesselung“ Westberlins am 13. August 1961 auch menschenfeindlich und einer Demokratie unwürdig, so war sie doch vorauszusehen. Seit 1949 siedelten etwa 2,5 Millionen Menschen vom Ost- in den Westsektor Deutschlands über. Während im Westen Deutschlands, auch und gerade in Berlin, die Wirtschaft boomte, kam der Osten Deutschlands auf keinen grünen Zweig. Im Gegenteil, die DDR drohte auszubluten. Allen war klar: Es mußte etwas passieren. Das wußten auch die Alliierten. Von John F. Kennedy ist, nachdem er vom Mauerbau erfuhr, folgende Äußerung überliefert: „Es ist sicher keine sehr schöne Lösung. Aber eine Mauer ist besser als ein Krieg!“

Meine Frau bekam nach dem Bau der Mauer tiefe Depressionen. Ich mußte mir von ihr die bittersten Vorwürfe gefallen lassen. Kein Zweifel: Wir hatten den Zeitpunkt, als eine Übersiedlung noch möglich gewesen wäre, versäumt. Aber hätte ich meinen Betrieb, mein Lebenswerk verlassen sollen? Das kam nicht in Frage. Ich kannte die Entwicklung anderer Betriebe, deren Inhaber die DDR verlassen hatten. Ein Großteil der Arbeiter wurde entlassen. Die Arbeitsmoral ging flöten. Die Firma wäre dem Siechtum verfallen gewesen. Konnte ich das zulassen? Ich hätte mich als Fahnenflüchtiger gefühlt. Als Komplementär eines halbstaatlichen Betriebes ging es mir nicht schlecht. Und obwohl mich der Bau der Berliner Mauer nun wahrlich nicht vom Hocker riß, blieb ich im Osten und fügte mich, wie so viele andere, gottergeben in die neue Situation.

Doch nicht alle sahen so teilnahmslos zu. Viele junge Menschen ergriffen die Gelegenheit, es sollte vorerst ihre letzte sein, beim Schopfe und setzten sich in den Westen ab. Genau das mußten auch meine Frau und ich erfahren. Sorgenden Eltern bleibt nichts weiter als zu hoffen, die Kinder mögen sich auch ohne ihre Hilfe im Leben zurechtfinden.

Eines Tages standen zwei Volkspolizisten vor der Eingangspforte unseres Hauses. Mit den Worten, „Ihre Tochter hat Republikflucht begangen“, begehrten sie Einlaß. Wir waren wie vor den Kopf gestoßen. Unsere ältere Tochter Elke hatte also das Weite gesucht. „Wann ist Ihre Tochter gegangen?“, fragten die beiden. Wir wußten es nicht, sie hatte uns nichts von ihren Plänen erzählt. Sei es, um uns nicht weiter zu beunruhigen, sei es, um uns vor Mitwisserschaft zu schützen. Denn dann hätten wir uns strafbar gemacht oder ihre Pläne sofort melden müssen. Wir wußten also tatsächlich nichts und konnten die Vopos schließlich auch davon überzeugen.

Elke ging kurz vor ihrem 18. Lebensjahr auf ein Westberliner Gymnasium. Einer ihrer Mitschüler war Lutz Mier, der jüngere Bruder von Peter, der heute das Unternehmen leitet. Die Miers besaßen ein Wassergrundstück in der Nähe von Schmöckwitz und luden unsere Tochter des öfteren zum Segeln ein. Es kam wie es kommen mußte. Bald hatte Elke wenig Lust, mit ihren „Alten“ und der kleinen Schwester die Freizeit zu verbringen, viel lieber tobte sie an Bord des Mierschen Seglers mit den beiden Jungs herum. Zwischen Elke und Peter mußte es schwer gefunkt haben, denn plötzlich kam Elke nur noch zu Besuch nach Hause. Die meiste Zeit verbrachte sie mit ihrem Liebsten und schien - wie bei Verliebten wahrscheinlich üblich - nichts mehr für Familienleben und den sich daraus ergebenden Regeln übrig zu haben. Am Ende verschoben wir sogar die Stunde ihrer nächtlichen Heimkehr beträchtlich nach hinten. Hatte sie früher oft mit harten Auflagen zu kämpfen - sie mußte stets 22 Uhr zu Hause sein - erwarteten wir sie jetzt erst gegen 23 Uhr. Erna und ich kamen uns mit dieser Regelung sehr entgegenkommend und verständnisvoll vor. Doch Elke erschien, wann es ihr paßte. Da half es auch nichts, daß ich sie ein ums anderemal zur Rede stellte. Sie schien in ihrer Liebe taub für die Sorgen, die sich ihre Eltern um sie machten. Im Gegenteil, alles was sie uns zu erwidern wußte, war: „Papa, ich bin jetzt bald 18, da hast Du mir nichts mehr zu sagen. Stell´ Dich bitte darauf ein, daß ich bald ausziehe!“ Ich war ratlos. Meine Frau ebenfalls. Wir redeten uns den Mund fusselig. Aber was sollten wir tun? Elke hatte sich etwas in den Kopf gesetzt und dieses Etwas trug den Namen Peter Mier. Wenig später bezogen die beiden zusammen ein kleines Zimmer. In gewisser Weise

erkannte ich mich jedoch in Elke wieder. Sie war ebenso starrköpfig wie ich - man könnte es auch charakterstark nennen. Man konnte ihr einfach nichts ausreden.
Als der Bau der Mauer voranschritt, packten die beiden ihre Siebensachen und flüchteten nach Westberlin. Peter, der an der Technischen Universität studierte, ließ seine Kontakte zum Studentenwerk spielen. Seine Kommilitonen halfen ihm, westdeutsche Papiere zu besorgen und ab ging's in die Freiheit. Es war das einzig Vernünftige. Wenig später heiratete Peter meine Tochter Elke - die Trauung fand ohne uns statt. Wir konnten nur noch eines tun: Pakete schicken.

Zum Wohl, Sozialismus

Aus der Schließung der Grenze ergaben sich für die Firma plötzlich ungeahnte Möglichkeiten. Auf einmal existierte im Ostteil Berlins ein ungeheures Potential an qualifizierten Arbeitskräften. Viele hatten vormals im Westen der Stadt gearbeitet, jedoch in Ostberlin gewohnt. Durch den damaligen Umtauschsatz von 1:4 eine ungeheuer lohnende Sache. Das „drüben" verdiente Geld wurde in DDR-Mark umgetauscht, man konnte sich kaufen was man wollte. Doch nun teilte dieses Mauergebilde unsere Stadt. Unzählige Fachleute, die bis dahin im Westen gearbeitet hatten, verloren ihre Stellung. Keine Frage: Das mußte ich ausnutzen. So gründeten wir sogenannte Handwerkerbrigaden, die ausschließlich für meinen Betrieb tätig waren. Nur die feinsten, qualifiziertesten und besten Leute wurden genommen. Bald hatte ich Maurer-, Schlosser-, Elektriker- und Malerbrigaden. Auf dem Firmengelände gab es genug zu restaurieren und neu zu bauen. Außerdem drängte uns der Staat, all diese Leute einzustellen. Erklärtes Ziel war, daß ein jeder Betrieb zwecks Rationalisierung alle anfallenden Arbeiten allein übernimmt. Handwerksfirmen durften nur für die Bevölkerung eingesetzt werden. Wir hätten deren Leistungen also gar nicht in Anspruch nehmen dürfen. Doch abgesehen davon: Was hätte mich das gekostet? Die Arbeiter meiner Brigaden bekamen ihren normalen Stundenlohn.

Für Fremdleistungen hätte ich das Dreifache zahlen müssen. Natürlich, hochqualifizierte Arbeitskräfte verrichteten oft den Job eines Hilfsarbeiters. Doch was blieb ihnen anderes übrig? Vor allem, was blieb mir anderes übrig, als sie einzustellen? Nach dem Mauerbau wuchs die Zahl der Belegschaft somit schnell auf 180 Mitarbeiter. Damit wurden wir in Windeseile der viertgrößte Spirituosenhersteller der DDR. Einen Konkurrenzkampf mit den VEB gab es nicht. Die Staatliche Plankommission achtete darauf, daß alle Betriebe voll ausgelastet waren. Die Schilkin KG erlebte einen weiteren wunderbaren Aufschwung. Doch so gut das Geschäft auch funktionierte, ich war mir im klaren, diese Art der Produktion konnte nur innerhalb einer sozialistischen Wirtschaft funktionieren. Unter marktwirtschaftlichen Bedingungen wären wir bald mausetot gewesen. Doch so? Ich sah, daß dem Betrieb nur das Beste geschah. Wir wurden vom Staat gepuscht wie es nur ging. Meine Kommandogewalt blieb mir erhalten, den lästigen Steuerkram erledigten die staatlichen Planstellen. Kurz: Ich brauchte mich nur noch um die Produktion zu kümmern. Von der politischen Situation einmal abgesehen: Es war einfach wunderbar.

Zu den wunderbaren Dingen gehörte auch unsere moderne Brennerei. Sie vor allem ermöglichte es uns, mit der Schlamperei des Staates Geschäfte zu machen. In kurzer Zeit wurden wir als diejenigen bekannt, die verrottetes Obst entgegennahmen, um aus ihm Alkohol zu machen. Dem Obst, egal in welchem Zustand es sich befindet, macht es nichts aus in der Kaufhalle statt in der Abteilung für Obst- und Gemüse als Branntwein zwischen Wein und Korn zu stehen.

Besonders spezialisiert waren wir auf bulgarische und jugoslawische Trauben. Diese kamen im Rahmen der großen Importgeschäfte gleich waggonweise über die Grenze. Nun war diese Sache, von welcher Seite auch immer, schon damals so schlecht organisiert, daß ein Großteil der Trauben schon an der Grenze verdorben war. In diesen Fällen standen wir bereit. Die Waggons wurden sofort zum Güterbahnhof Kaulsdorf umgeleitet, wo wir sie entluden, die Trauben später abpreßten und kelterten. Der entstandene Most wurde dann vergoren und in unserer modernen Brennerei gebrannt. Ein herrlicher Branntwein entstand. Dasselbe machten wir übrigens auch mit Aprikosen und jedem erdenklich anderem Obst. Ein wirklich lohnendes Geschäft.

Eines Tages tauchten Mitarbeiter des Ministeriums für Landwirtschaft in meinem Büro auf. Sie hatten von unserer Spezialität, aus angegangenem Obst Alkohol zu machen, Wind bekommen und traten mit einer ganz speziellen Bitte an mich heran. „Herr Schilkin", sagte der eine von ihnen, „am Osthafen liegen einige Lastkähne voll Apfelmus. Können Sie uns die abnehmen?" Prinzipiell war das für mich kein Problem, doch die Leute schienen mir etwas bedrückt. Ich witterte einen Haken. „Ist das Zeug schlecht?" fragte ich vorsichtig. „Nee", sagte der andere Mann, „das ist absolut einwandfreie Ware." Sein unglücklicher Gesichtsausdruck änderte sich dabei jedoch nicht drastisch. „Warum wollt ihr es mir dann abgeben?" bohrte ich weiter. „Es wird nicht mehr gebraucht", sagten die beiden Unglücklichen. „Nicht mehr gebraucht?" „Nicht mehr gebraucht", bekräftigten sie schuldbewußt. „Das Mus war als Zuschlagstoff für Marmelade gedacht. Aber die nehmen uns nicht alles ab." „Na wenn das so ist, her damit! Wieviel ist es denn?“ Da sahen die beiden zu Boden, und ich begriff schlagartig ihr Unglück. „Zwei Lastkähne voll Mus. 100.000 Kilo in jeweils 200-Literfässern.“ Mir wurde ganz schwarz vor Augen. „Wir können die Ware ja als vergammelt deklarieren“, beeilte sich der eine von ihnen zu sagen. „Ja, kein Problem“, pflichtete ihm der andere schnell bei. Wir übernahmen das Mus. Doch bald merkte ich, was ich mir da aufgehalst hatte. Die Fässer waren an ihren Innenseiten mit Paraffin bestrichen. Das gab nicht nur einen unangenehmen, völlig unerwünschten Beigeschmack im Branntwein, sondern verstopfte auch die Leitungen der Destillierkolonne. Wegen des Paraffingeschmacks trieben wir den Alkohol auf über 70 Volumenprozente hoch und vertrieben den entstandenen Branntwein unter dem Namen Jablados. Ein völlig neues Produkt in unserem Sortiment entstand also quasi aus der Not. Jablados, so malte ich mir aus, könne das Gegenstück zum französischen „Calvados“, einem Apfelbranntwein, sein. Vom „Calvados“ borgte ich mir die letzte Silbe „dos“, „Jablik“, auf russisch Apfel, setzte ich davor. Einen Namen hatte ich also leicht gefunden. Jetzt kam es auf die Reaktion der Konsumenten an.

Die meisten Zuschriften erreichten mich allerdings erst, als das Mus endlich aufgebraucht war und wir die Produktion unseres Jablados einstellten. Tenor: „Wo kann man diesen Branntwein denn weiterhin bekommen?“

Gerade politisch hatten wir jedoch so einiges auszustehen. Eines Tages erschien ein freundlicher Mann in meinem Büro. Er stellte sich mit Namen und Dienstgrad vor und schien auch so ein recht umgänglicher Typ zu sein. „Nun, Herr Schilkin, durch Ihre vielen

Geschäftsverbindungen, die Leipziger Messe, Sie wissen schon, kennen Sie ja eine Menge Leute", sagte der freundliche Herr. „Sie könnten uns da sehr behilflich sein". „Behilflich sein?" Worauf wollte der Mann hinaus? „Sie könnten uns Berichte schreiben. Sie wissen schon, über die allgemeine Stimmung in ihrer Firma, worüber bei der Messe so diskutiert wird ...!" Ich sollte meine Arbeiter und Geschäftsleute bespitzeln? Keine Ahnung, was ich diesem Herren damals entgegnete, aber ich flippte aus. Der freundliche Mann war plötzlich alles andere als umgänglich. Im Gegenteil, er wurde krötig und drohte mir. Nur: Ich hatte keinen Grund, mich vor dem frechen Kerl zu fürchten. Noch war ich mein eigener Herr. Was in aller Welt konnte der mir schon tun? Als der Stasi-Mann merkte, daß ich mich nicht umstimmen ließ, zwang er mich, eine Verpflichtung zu unterschreiben. Sie sollte garantieren, daß ich über das stattgefundene Gespräch strengstes Stillschweigen bewahrte. Ich unterschrieb, doch der Kerl konnte mich gerne haben. Nur eine Stunde später schickte ich einen Bericht an den Wirtschaftsrat. Die Antwort ließ nicht lange auf sich warten. Ich wurde zum Vorsitzenden des Rates bestellt. Und was tat der? Er entschuldigte sich. Und das in aller Form. Nie wieder wurde ich von solch „freundlichen" Typen belästigt.

Trotzdem kam es auch unter meiner Belegschaft zu solch aberwitzigen Situationen. In den volkseigenen Betrieben existierten natürlich lange schon Partei- und Gewerkschaftsgruppen. Logisch, so etwas mußte also auch bei mir installiert werden. Diese Parteigruppen waren deshalb so aberwitzig, weil wirklich niemand, aber auch niemand meiner Arbeiter kommunistisch eingestellt war. Viele meiner Leute arbeiteten schon seit Ende des zweiten Weltkrieges bei mir. Die anderen - die Handwerkerbrigaden - waren nur wegen des Mauerbaus bei mir gelandet. Sollten die auf Honecker etwa gut zu sprechen sein? Die Parteigruppen verkamen zu einer einzigen Farce. Eine Farce, die sein mußte. Mir stellte sich nun die Frage: „Wen machst Du zum Parteisekretär?“ Niemand von meinen Arbeitern wollte mit solchem Quatsch auch nur annähernd etwas zu tun haben. Wen ich suchte, war ein Mann, der privaten Gewerbetreibenden gegenüber loyal war, der menschliche Qualitäten besaß und der das SED-Parteibuch hatte. Dies alles schien kaum zusammenzupassen. Aber wiedereinmal hatte ich Glück.

Auf einer Geschäftsreise in Bulgarien lernte ich einen Mann kennen, der in Sofia als Vertreter des Deutschen Reisebüros arbeitete. Irgendwie hatte er jedoch von seiner Arbeit die Nase voll. Für mich war besonders von Belang, daß dieser Mann als Genosse mit einer Pfarrerstochter verheiratet war. „Ein intelligenter Mann aus bürgerlichen Verhältnissen“, dachte ich bei mir „der wäre einer für Dich“! Der Auserwählte hatte nur auf mein Angebot gewartet. Bald war er technischer Leiter meines Betriebes und - viel wichtiger - Parteisekretär mit heißem Draht zur SED-Kreisleitung. Es war super: Alle Neuigkeiten, jedes Ränke schmieden, jedes Nachdenken über wirtschaftliche Neuerungen drang zuerst zu mir. Besser konnte man nicht informiert sein. Mein neuer Mitarbeiter war übrigens ein Mann, der nur nach außen hin an die Ideale des Sozialismus glaubte, aber immer dort half, wo er gerade gebraucht wurde. Das sollte mir später immer von großem Nutzen sein.

Natürlich ging auch an mir der Kelch der

parteipolitischen Spielchen nicht vorbei. So einer wie ich, Chef einer großen Spirituosenfirma, mußte seinen Schnaps natürlich nicht nur für die Menschen, sondern vor allem zum Wohle des Sozialismus destillieren. So einer wie ich mußte sich bekennen. Schilkin sollte in eine Partei.

Meine politischen Ideen und Ideale waren jedoch dieselben wie nach dem Krieg. Mein Herz schlug noch immer für Kurt Schumacher und Willy Brandt - Männer der gesunden Mitte eben. Was, zum Teufel, sollte ich bei den Kommunisten? Ob sich die Parteienwerber diese Frage auch schon gestellt hatten? Merkwürdig: Zuerst erschienen die „Blockflöten" in meinem Büro, die Herren von CDU und LDPD. Ich gebe es zu, ich habe mich gewunden, wie ich nur konnte. Zu den Gesandten der Blockparteien sagte ich: „Meine Herren, wenn ich in eine Partei eintrete, mache ich gleich Nägel mit Köpfen. Dann gehe ich in die SED!" Den Herren der SED - die kamen übrigens nicht viel später - erklärte ich: „Ich als Unternehmer kann nur in eine der Blockparteien gehen. Ich habe mich nur noch nicht entschieden in welche. Das werden Sie doch verstehen?" Sie verstanden es. Im übrigen: Wäre ich in eine Partei eingetreten, wäre ich bei meinen Arbeitern unten durch gewesen.

Irgendwann hatte der ganze Zauber ein Ende. Ich kam in ein Alter, wo eine Mitgliedschaft in einer der Parteien nicht mehr angestrebt wurde. Die Parteien - so die offizielle Erklärung - setzten schließlich auf die Jugend und sollten nicht überaltern. Witzig, wenn man sich die Altherren-Riege im Zentralkomitee besah.

Keene Sorjen

Abgesehen von den politischen und wirtschaftlichen Wirren dieser Zeit, die mich voll und ganz in Anspruch nahmen, hatte ich noch ein weiteres einschneidendes Erlebnis, das hier nicht unerwähnt bleiben sollte. Handelt es sich auch nicht um einen berühmten Teil deutscher Geschichte, so aber doch um ein wichtiges Erlebnis mich selbst betreffend. Oder besser gesagt, um einen riesigen Schritt zur Erhaltung meiner damals schon etwas angeschlagenen Gesundheit. Richtig, es geht ums Rauchen. Den Luxus, den wir uns leisten, um möglichst frühzeitig unter die Erde zu kommen.

In meiner Jugendzeit, vielleicht nicht nur da, hatte ich immer den Ehrgeiz, ein wenig anders zu sein. Nur nicht in der Masse untergehen, nur nicht mit einem anderen verwechselt werden. In dieser Beziehung kannte mein Ehr-geiz, vielleicht war es auch ein Stück Eitelkeit, keine Grenzen. Das bewies nicht nur die von mir kreierte Schreibweise meines Spitznamens „Cylle". Ein anderes Beispiel waren die Erfahrungen meiner Studienzeit. Während meine Kommilitonen schon damals Zigaretten paff-ten, was das Zeug hielt, inhalierte ich bis zu meinem 25sten Lebensjahr nicht ein einziges bißchen Rauch. Während sich meine Mitstudenten, wenn sie zu Hause über ihren Büchern brüteten, eine nach der anderen anzündeten, verbrachte ich meine schöpferischen Pausen mit dem Studium eines Notenbuches. Während viele nervös an ihren Zigaretten zogen, entlockte ich meiner Querflöte die süßesten Töne. Ein paar Takte des „Reigen seeliger Geister“ von Christoph Willibald Gluck und ich fühlte mich erholt, bereit meine Arbeit fortzusetzen. Es ist schon merkwürdig: In meiner Schulzeit hielten wir alle, die rauchten oder Alkohol konsumierten, für Spießer. Oder wie man es heute ausdrücken würde: Rauchen war einfach nicht angesagt. Ich hielt es mehr mit dem Musizieren.

Mit dem Engagement für meine Firma und dem zweifellos dazugehörigen Streß gab ich diese Art der Entspannung jedoch bald auf. Ob es meine Arbeiter ertragen hätten, wenn jede volle Stunde die Melodie des „Reigens seeliger Geister“ aus dem Chefbüro drang? Das ging nicht, und so zog ich es vor, im stillen meine Zigaretten zu paffen. Zwanzig, dreißig, vierzig Stück am Tag - eine Kleinigkeit für mich. Von da an verstand ich: Es geht nicht ums Rauchen selbst. Das Anzünden einer Zigarette ist der Zündfunke fürs Gehirn. Fast 25 Jahre lebte ich in dieser Illusion. Den Ausschlag, mich von dieser Idee zu trennen und mit all diesem Quatsch aufzuhören, gab der Besuch im Krankenhaus Buch. Nach dem Streß, den mir meine Firma zu bereiten imstande war, hatte ich beschlossen, mir eine Kur zu gönnen. Von Doktor Henne, einem Oberarzt im Krankenhaus Buch, erhoffte ich mir Informationen darüber, welcher der vielen Kurorte für meine Zwecke am geeignetsten wäre. Der Mann, übrigens ein guter Freund der Familie, mußte einem einfach immer sagen, wie krank man sei. Natürlich mit dem freundlichen Zusatz: „Machen Se` sich darüber keene Sorjen. Det hab` ick ooch.“ Logisch, der Mann war seit 30 Jahren Kettenraucher und machte sich gar nichts draus.

Als mich Oberarzt Henne untersucht hatte, zog er ein bedenkliches Gesicht. „Sie ham` ein beginnendes Lungenemphysem.“ Was das ist? Einige Lungenbläschen sind durch den Rauch kaltgestellt und verschließen sich. Das heißt, ein Raucher hat weniger Luft zur Verfügung, als ein Nichtraucher. Ärzte würden sich bei dieser unprofessionellen Erklärung die Haare raufen. Aber egal, feststeht, so ein Emphysem ist gefährlich. Auch wenn Oberarzt Doktor Henne seinen verführerischen Satz nachschob: „Bleim` Se ruhig, det hab` ick ooch“. Trösten konnte er mich damit nicht. Kurz und gut: Ich fuhr zur Kur nach Bulgarien und setzte mich dort einer sogenannten Medizinalhonig-Inhalation aus.

Und das funktioniert so: Bienen werden auf Heilkräuter angesetzt und ihr Honig in Wasser aufgelöst. Etwa zwanzig Minuten wird dieses Heilkräutergemisch zerstäubt in die Lunge eingeatmet. Es war ein herrliches Gefühl. Ich verspürte ein erleichterndes Kribbeln und meinte, meine Lunge sei größer als je zuvor. Nach der ersten Inhalation genoß ich nach dem Mittagessen noch eine Zigarette - schließlich wollte ich mir das Rauchen nur ein bißchen abgewöhnen - am zweiten Tag rauchte ich nur die Hälfte und am dritten Tag ließ ich es sein. Die „Lullen“ schmeckten einfach nicht mehr. Sollte ich mich also quälen, nur um zu rauchen? Sicher muß man dabei den psychologischen Aspekt berücksichtigen. Ich stellte mir immer vor, wie sich auf meine schönen, von der Honig-Inhalation gereinigten Lungenwände kleine schwarze Teerpartikel legten. Einfach ekelhaft. Seitdem habe ich keine Zigarette mehr angefaßt und träume nur noch äußerst selten davon. Übrigens: Oberarzt Doktor Henne starb vor ein paar Jahren an Lungenkrebs.

Siegen lernen

Mit meiner Firma stand alles zum besten. Die Warnung des Herrn Meier von der Deutschen Notenbank, mein Betrieb würde über kurz oder lang in einen VEB umgewandelt, hatte ich längst vergessen. Alles lief prima. Es bestand überhaupt kein Grund, meine Kommanditgesellschaft in einen volkseigenen Betrieb umzuwandeln. Ich gab den Leuten Arbeit, machte gute Geschäfte und beschaffte der Regierung Devisen. Alles wunderbar?

Der große Schock kam mit dem Machtwechsel in der DDR. Erich Honecker bekam immer größeren Einfluß im Zentralkommitee und wurde zum Kronprinzen Walter Ulbrichts, der kränkelnd darnieder lag, kaum noch fähig, die Geschicke der DDR zu lenken. Den geraden marxistischen Weg - alle Produktionsmittel in die Hände des Volkes - hatte er nicht gehen wollen. Ulbricht hatte erkannt - schließlich war er „Vater der 1.000 kleinen Dinge“ -, daß nur mit Privatinitiative die Wirtschaft angekurbelt werden konnte. Und tatsächlich: Die DDR machte auf diesem Gebiet beachtliche Fortschritte. Doch das alles zählte nicht. Die Lehren des Marxismus-Leninismus mußten mit aller Starrköpfigkeit durchgesetzt werden. Der richtige Mann dafür war schnell gefunden. Der Dachdecker Erich Honecker setzte sich an die Spitze des ostdeutschen Volkes. Schon kurze Zeit nach seiner Machtübernahme ging er in die vollen. „Von der Sowjetunion lernen, heißt Siegen lernen!“, war Honekkers Maxime. Ich wußte, was mir und meiner Firma jetzt blühte. Über Nacht kam die Direktive des Zentralkommitees: Alles wird verstaatlicht! Schon am nächsten Morgen, es war der 8. März 1972, bekam ich die Aufforderung, mich beim Wirtschaftsrat im Roten Rathaus einzufinden, um die notwendigen Übernahmegespräche zu führen. Alle kleineren privaten oder halbstaatlichen Betriebe hofften bis zuletzt, für Vater Staat so unwichtig zu sein, daß man sie verschonen würde. Aber es traf alle - ohne Ausnahme!

So fanden sich die Vertreter der ersten fünf großen Kommanditgesellschaften beim Wirtschaftsrat ein: die TT-Bahnen, die Garten-Stahlmöbel, ein Spezialbetrieb für technische Messer, die Stahlbau-Berlin (der Inhaber war übrigens Volkskammerabgeordneter, doch das half ihm nichts) und ich als Inhaber der Schilkin-Spirituosen.

Immer noch gut für uns: Wir waren die ersten fünf Berliner Betriebe, die verstaatlicht wurden. Der positive Aspekt dabei: Wir durften noch Wünsche äußern. Die Verstaatlichung war zwar beschlossene Sache, aber halbwegs ordentliche Konditionen auszuhandeln stand noch in unserer Macht. Andere Betriebe hatten nicht mehr dieses Glück. Meine Forderungen waren folgende: 1. Die Schilkin KG mußte ihren Namen weiterführen dürfen. Genehmigt! 2. Ich behalte sämtliche Urheberrechte! Genehmigt! 3. Ich möchte einen Teil meines Privatsperrkontos für den Bau eines Eigenheimes verwenden! Genehmigt! 4. Die Bestätigung vom Wirtschaftsrat, daß mein gesamtes Vermögen vererbbar ist! Genehmigt!

Im Gegenzug nahm ich die Forderungen des Wirtschaftsrates an. Ich sollte den Betrieb weiterführen, erhielt aber keine Gewinnanteile mehr, sondern nur ein Direktorengehalt. Für das Betriebskapital wurde ein besonderes Konto eingerichtet, von dem ich jährlich 10.000 Mark erhielt. Haken an der Sache: Das Konto war vermögenssteuerpflichtig und zinslos. Ich konnte mir ausrechnen, wann das Geld aufgebraucht sein würde. Dazu kam, das erfuhr ich jedoch erst später, daß dieses Betriebskapital auffallend nach unten manipuliert wurde. Ich bin also quasi meines Geldes beraubt worden, ohne daß ich dagegen etwas hätte tun können. Besonders glücklich muß ich bei diesen Verhandlungen nicht ausgesehen haben, denn der stellvertretende Vorsitzende des Wirtschaftrates Köhler sagte am Ende unseres Gesprächs: „Herr Schilkin, seien Sie froh, daß diese Verstaatlichung in der DDR und nicht in der Sowjetunion stattfindet. Wir machen das doch wirklich auf einer humanen Ebene." Ich wußte nur zu gut, was er damit sagen wollte. In Rußland wurden die Kapitalisten nach der Machtübernahme der Bolschewiken an die Wand gestellt oder ins Gulag geschickt. Der Ausgang dieser „Maßnahme" blieb immer gleich.

Wenig später wurde ich ins Haus des Ministerrates bestellt. Was ich dort sollte? Ganz einfach: mich ehren lassen. Das Revers meines Jacketts wartete auf den Vaterländischen Verdienstorden in Bronze. Wie dankbar konnte doch der Staat für unsere „Mitarbeit" bei der sozialistischen Umwandlung unserer Betriebe sein. „Na gut", dachte ich mir, „die erkennen wenigstens deine Arbeit an." So fand ich mich im Sitzungssaal des Ministerrates wieder und schaute in die zufriedenen Gesichter von Erich Honecker, Günter Mittag und wie sie alle hießen. Die Auszuzeichnenden saßen auf ihren Stühlchen im Volk - merkwürdigerweise gab's keine Tische im Festsaal - und auf der Bühne, mir gegenüber, hatte es sich Herr Honekker inmitten seines Zentralkomitees bequem gemacht. Irgendjemand kam plötzlich ans Rednerpult und hielt die obligatorische Festansprache. Irgendwann mußte ich dann auf die Bühne und ließ mir - ich glaube, es war von Mittag - den Orden an die Brust heften. Es war schon ein komisches Gefühl: Gerade war ich meinen Betrieb losgeworden, und jetzt stand ich auf einer großen Bühne, den Verdienstorden am Revers und ließ mich beklatschen. Ich lächelte gequält.

Die Folgen der sozialistischen Planwirtschaft waren im VEB Schilkin kurios. Das kommt davon, wenn Leute das Sagen haben, die von der Volkswirtschaft keine Ahnung haben. Der Minister für Bezirksgeleitete und Lebensmittelindustrie, Dr. Udo Wange, hatte sein Häuschen irgendwo in Köpenick. Jeden Morgen, auf dem Weg zur Arbeit, wurde er an unserem Firmengelände in Alt-Kaulsdorf vorbeichauffiert. Die sozialistischen Wirtschaftsplaner standen damals vor der Frage, wie die Produktion von nichtalkoholischen Getränken erhöht werden konnte, ohne neue Fabriken zu bauen. Geld für Neubauten war knapp und Engpässe in der Getränkeindustrie waren vorauszusehen. Nachdem dieser Dr. Wange also zum hundertsten Male an unserem Gelände vorbeigefahren war, kam ihm eine geniale Idee. Warum nicht vorhandene Bauten nutzen? Warum nicht die Produktion umstellen? Warum produzierte der VEB Schilkin eigentlich keine Limonade? Genial! Alle staatlichen Stellen wurden auf diese Fährte gesetzt.

Als ich von den Plänen des Herrn Dr. Wange erfuhr, war ich zuerst wie betäubt - „Oh Gott, Limonade“ - doch dann willigte ich ein. Was hätte ich auch anderes tun sollen? Meine Bedingung war nur, daß ich auch weiterhin Spirituosen produzieren dürfe. Sozusagen nebenbei. Was dann kam, war ein riesiger Lacher: Eine leitende Mitarbeiterin der Abteilung „Abfüllung“ wurde als Aushängeschild genommen. Sie, so war später zu lesen, unterbreitete offiziell den Vorschlag, die Produktion des VEB Schilkin von Spirituosen auf alkoholfreie Getränke umzustellen. Schließlich plante und regierte die sozialistische Arbeiterklasse an allen Neuerungen zum Wohle des Volkes mit. Daß diese Dame mit den Plänen des Dr. Wange eigentlich nichts am Hut hatte, störte wenig. Sie bekam einen Orden, und die Sache fiel trotzdem ins Wasser. Denn als man sich näher mit der Konzeption des Vorhabens beschäftigte, fiel plötzlich auf, daß meine Produktionshallen viel zu klein für die riesigen Abfüllanlagen gewesen wären. Am Ende beschloß die Partei, schon immer gegen diese Umstellung gewesen zu sein. Schließlich waren wir aus dem Export nicht wegzudenken und brachten dem Staat Devisen. In Weißensee wurde später der Getränkebetrieb-Berlin „Spreequell“ aus dem Boden gestampft. Im Vergleich zum Betriebsteil Spreequell, der ausschließlich alkoholfreie Getränke produzierte, wären wir sowieso nur ein kleiner Popel gewesen. Wahrscheinlich hätten wir zugemacht.

26. FEBR.-7. MÄRZ 1956
LEIPZIGER MESSE
MIT TECHNISCHER MESSE
Bitte besuchen Sie uns im
STÄDT. KAUFHAUS · II. STOCK · STAND 265
SCHILKIN KG
WEINBRENNEREI UND LIKÖRFABRIK · BERLIN-KAULSDORF

Lug und Trug

Jeder Betriebsdirektor, so hieß es sinngemäß in einem Gesetzespapier, hat die uneingeschränkte Befugnis zur Einzelleitung. Was das heißen sollte? Jeder Direktor eines volkseigenen Betriebes konnte in Eigenverantwortung entscheiden - ungeachtet der Meinung von Partei und Betriebsgewerkschaftsleitung. So jedenfalls war es schwarz auf weiß im Gesetzblatt zu lesen. Gewagt hat das freilich kaum jemand. Die Wirklichkeit sah anders aus. Die Abhängigkeit eines jeden Betriebschefs von Gewerkschaft und Parteileitung war einfach zu groß. Diese konnten nämlich bei ihren vorgesetzten Stellen etwaige Eigenmächtigkeiten eines Direktors zur Meldung bringen. Wurde dann der Nachweis erbracht, er hätte zum wirtschaftlichen oder moralischen Nachteil des Betriebes entschieden, konnte er von übergeordneten Stellen zur Rechenschaft gezogen werden. Mit „moralisch" war hier vor allem demokratisch gemeint. Einzelleitung war schön und gut, aber die wirkliche Entscheidung konnte meist erst gefällt werden, nachdem man Betriebsgewerkschaftsleitung und Partei zu Rate gezogen hatte. Daß von da an jeder etwas zu bestimmen haben wollte, jeder etwas korrigierte und damit die Finanzen im Nu durcheinanderzugeraten drohten, versteht sich von selbst. Dennoch scheint mir diese Handlungsweise etwas verändert und bis zu einem bestimmten Grade, auch in der heutigen Zeit eine erstrebenswerte zu sein.

Die höheren Dienststellen scherten sich um den Grundsatz, den sie uns auferlegten, jedoch nahezu einen Dreck. Weder das Volk noch die Direktoren wurden bei den zu erarbeitenden Volkswirtschaftsplänen zu Rate gezogen. Selbstherrliche, von der Parxis völlig losgelöste, ja abenteuerliche Entscheidungen waren die logische Folge. Was die Basis, also das Volk darüber dachte, kam wohl kaum jemals einem hohen Funktionär zu Ohren - nur ein Grund, weshalb die DDR zum Untergang geradezu verurteilt war.

Deshalb: Jeder sollte die Möglichkeit des Einspruchs haben, wenn er sich diese Verantwortung zu tragen auch im Stande sieht.

Nun trieb natürlich dies auf den ersten Blick so demokratisch wirkende Gesetzeswerk der „moralischen Einzelleitung“ auch sprichwörtlich merkwürdige Blüten. Da war zum Beispiel die Sache mit der Planerfüllung. Daß alle existierenden Betriebe der Deutschen Demokratischen Republik die Pläne um ein vielfaches übererfüllten, ist allen ehemaligen DDR-Bürgern bekannt. Die Volkswirtschaft mußte geradezu erblühen. Sie stöhnte und ächzte unter der Last ihres edlen Ertrages. Immer neue, schier unglaubliche Höchstleistungen wurden dafür vollbracht - nicht im Arbeiten, sondern im Frisieren. Unsere Buchhalter erwiesen sich in dieser Hinischt als Wirtschaftskosmetiker von ganz besonders hoher Professionalität.

Jeden Monat mußte ich meiner übergeordneten Stelle Meldung über den Stand der Planerfüllung machen. Jeder Direktor eines Betriebes, dessen Ertrag zu wünschen übrig ließ, konnte sich - da waren die Regeln hart - auf seinen baldigen Abschied vorbereiten. Also wurde frisiert, was das Zeug hielt. Man gab Meldungen ab, die nicht im entferntesten etwas mit dem wirklichen Leistungsstand der Firma zu tun hatten. Man schönte die Zahlen, korrigierte sie also beträchtlich nach oben oder hielt zu viel produzierte Produkte zurück, um sie in den Plan des kommenden Monats einzubauen. Das nannte ich gern Meldereserve. Produzierte ich den kommenden Monat zu wenig, konnte ich auf sie zurückgreifen, und der Plan war wieder erfüllt. Dieses Mehrproduzieren kam, wie sich jeder denken kann, natürlich lange nicht so häufig zustande, wie das Defizitmachen. Doch um den Wirtschaftsoberen auch hier wieder die Zahlen präsentieren zu können, die sie gerne sahen, arbeiteten die Betriebsdirektoren Hand in Hand. Man schrieb sich einfach gegenseitig die Rechnungen aus und entwickelte dabei raffiniert ausgeklügelte Systeme. So kamen alle auf ihren Umsatz und der Plan war, wenigstens statistisch gesehen, zu hundert Prozent erfüllt. Daß der Staat einem dabei auf die Schliche kam, war so gut wie unmöglich. Wahrscheinlich wollte er es auch gar nicht wissen.

Ich, der ich aus meiner Vergangenheit als Unternehmer diese Art der Planerfüllung als unprofessionell betrachtete, stieß mir schnell die Hörner ab. Einen Versuch der Ehrlichkeit hatte ich unternommen. Nur einen Versuch. Ich wagte es nie wieder. Denn als es eines Monats wieder daran war, dem Wirtschaftsamt die Produktionszahlen des VEB Schilkin zu übermitteln, schrieb ich nicht die frisierten, sondern die tatsächlichen Zahlen ins Formular. Die Folgen dieser Frechheit waren verheerend.

An einem Sonntag, es war wohl gegen sieben Uhr in der Früh, wurde ich von einem Mitarbeiter des Wirtschaftsrates aus dem Bett geklingelt. Eine mürrische Stimme krächzte durchs Telefon. Es ging um meine ungeschönten Zahlen. „Einmal den Plan nicht erfüllt“, sagte ich noch halbschlafend, „was ist denn schon dabei?“ Doch die mürrische Stimme verstand in dieser Hinsicht überhaupt keinen Spaß. „Die Nichterfüllung ist ja schließlich kein Kavaliersdelikt“, anwortete er. „Kommen Sie sofort in mein Büro. Wir haben einiges miteinander zu besprechen!“ Was sollte ich tun? An einem Sonntagvormittag schlich ein müder, seine Ehrlichkeit bereits bereuender Betriebsdirektor durch die Gänge der DDR-Wirtschaftsbehörde. Den Anschiß, den ich im Büro der mürrischen Stimme erhielt, hörten die Sonntagsspaziergänger wahrscheinlich noch auf der Straße. Von da an wußte auch ich, was ich zu tun hatte, denn das Wochende in einer Behörde zu verbringen, ist ein wirklich unnötiges Ärgernis.

Dennoch fühlte ich mich, anders als viele meiner Direktorenkollegen, von der SED kaum gegängelt. Während die anderen Betriebschefs quasi durchweg von der Partei eingesetzt wurden - ein Großteil der entstandenen VEB waren einstmals Privatbesitz - stand ich vor der sozialistischen Öffentlichkeit immer als Ex-Besitzer des VEB Schilkin da. Direktoren, die aufgrund ihrer Treue zur Partei von den Genossen auf den Chefsessel gehievt wurden, konnten natürlich deshalb genauso schnell wieder abgesägt werden. Wenigstens in dieser Hinsicht fühlte ich mich in einem bestimmten Rahmen unabhängig, frei und nur meiner Belegschaft verpflichtet. Die Hemmschwelle, die zwischen den Genossen und mir zweifellos existierte, war der Garant dieser Freiheit. Sie wurde nie überschritten.

Die Folge der Planwirtschaft – statt Schilkin KG prangen die magischen drei sozialistischen Buchstaben über der Eingangspforte: "VEB". Um ein Haar hätten wir hier Limonade produzieren müssen.

„Bring' Zahnpasta mit!“

Im Januar 1972 kreierte mein Chefdestillateur Gerhard Timm den Verkaufsrenner der nächsten zehn Jahre. Timms Saurer wurde aus den Grundstoffen Wodka und Zitrone hergestellt und hatte im Inland einen Raketenstart. Auf meinen Verkaufsreisen in Westeuropa zeichnete sich bereits deutlich der Trend zu sauren Soft-Likören ab. Keine Frage, so etwas mußte es in der DDR auch geben. Niemand, aber wirklich niemand dachte bei uns daran, einen sauren Likör zu produzieren. Wir stießen in eine Marktlücke. Die Leute rissen sich danach.

Etwa zur gleichen Zeit bekam die gesamte Spirituosenindustrie der DDR den staatlichen Auftrag, ein weinbrandhaltiges Getränk zu produzieren. Der Rationalisierungsgedanke begann sich in der Staatlichen Plankommission gerade zu entfalten. Die Überlegung war folgende: Statt viele kleine, von unterschiedlichen Firmen produzierte, Artikel auf den Markt zu werfen, wollte man eine riesige Menge ein und desselben Produktes produzieren und hoffte so, den Bedarf der Bevölkerung an Spirituosen besser abdecken zu können. Alle Spirituosenfabriken der DDR sollten somit nur einen weinbrandhaltigen Verschnitt produzieren. Alles was dazu notwendig war, wurde vorgegeben. Dazu gaben die Wirtschaftsplaner eine Direktive heraus. Produkt: Spirituose mit Weindestillatanteilen. Alkoholgehalt: 32 % Vol. Name:

Goldbrand. Sogar das Etikett war einheitlich. Natürlich wurde Kritik an dieser Maßnahme laut. Mit Recht: Die Vielfalt des Angebotes mußte fast zwangsläufig darunter leiden. Aber anstatt in das aufkommende Gemaule einzustimmen, druckte ich meine eigenen Etiketten. Das Produkt, der „Goldi", blieb das gleiche, nur die Verpackung änderte sich. Der Goldbrand von Schilkin ist bis heute ein absoluter Verkaufsschlager.

Auch im Geschäft mit dem Westen hatten wir - wenn auch auf ganz anderem Gebiet - riesige Erfolge zu verzeichnen. Da wir Spirituosen ins kapitalistische Ausland exportierten, stand ich immer mal wieder vor großen Problemen. War doch der Standard im Westen ein ganz anderer als bei uns. Während wir unsere Flaschen nur mit einem PVC-Stopfen verschlossen, mußte es in der Bundesrepublik schon ein Sicherheitsschraubverschluß sein. Also einer der auch heute gebräuchlichen - mit einem am Verschluß befestigten Sicherheitsring, der durchknackte, wenn man den Deckel abschraubte. Was sich heute so einfach und banal anhört, war damals ein schier unüberwindliches Hindernis für die ostdeutsche Industrie. Verschlüsse dieser Art waren in der DDR nicht zu haben, sie wurden nicht einmal hier produziert. Wollten wir also Spirituosen in den Westen exportieren, mußten wir die dazugehörigen Verschlüsse auch vom Westen kaufen. Das Geschäft wurde damit schlagartig weniger profitabel. Doch was blieb uns anderes übrig? Zunächst kauften wir nur die Verschlüsse und drückten sie mit einer primitiven Handanrollmaschine an. Selbst für die Flaschengewinde fehlten die Maschinen. Später kaufte ich von dem mir zur Verfügung gestellten Etat eine Hochleistungsmaschine aus der Bundesrepublik, um die geeigneten Sicherheitsverschlüsse selber produzieren zu können. Das half Devisen einsparen. Wir brannten also nicht nur Schnaps, wir etikettierten selbst und stellten sogar Schraubverschlüsse her. Für einen Unternehmer aus dem Westen sicher unglaubliche Produktionsbedingungen.

Aber auch mit den Verschlüssen für Flaschen, die „lediglich" in der DDR verkauft werden sollten, bekamen wir so unsere Probleme. Als wir unsere Produkte in Miniaturabfüllungen, also den kleinen Flachmännern, verkaufen wollten, merkten wir, daß nicht ein Betrieb in der DDR dazu passende Verschlüsse herstellte. Doch Not macht erfinderisch, zumal ich schon immer ein ausgemachter Tüftler gewesen bin. Es gelang mir, den geeigneten Deckel für die Miniaturflaschen zu entwickeln. Er ist ähnlich dem Verschluß der heutigen Bier- und Limodosen. Grundstoff war Aluminium. Der Clou jedoch war die in der DDR gänzlich unbekannte Aufreißlasche. Für damalige Zeiten eine ungeheure Erfindung. Ich meldete Patent darauf an und bekam im Rahmen des Neuerergesetzes der DDR sogar noch 8.000 Mark dafür. Wollte jemand ebenfalls diese Verschlüsse produzieren, mußte er mir zunächst die Rechte dafür abkaufen. Das übrigens ganz im Gegensatz zu den Sicherheitsverschlüssen, mit denen wir unsere Exportflaschen ausstatteten. Das englische Patent des sogenannten Pilver-Proof-Verschlusses war - 20 Jahre war es unantastbar - bereits ausgelaufen. Nur so konnten wir ihn, ohne die Rechte dafür zu bezahlen, auch selbst produzieren.

Bei meinen Geschäftsreisen ins westliche Ausland stand mir immer ein Beauftragter des Wirtschaftsrates oder des Außenhandelsbetriebes zur Seite. Stets wurde ich gut behütet und nicht aus den Augen gelassen. So ein Beauftragter hatte die nicht sonderlich schwere Aufgabe, darauf zu achten, daß ich brav meine Geschäftsverhandlungen machte und nicht etwa persönliche Kontakte knüpfte. Bei jeder meiner Reisen stand mir ein anderer Herr zur Verfügung. Ich wußte niemals, mit wem ich es zu tun hatte. Mit ein wenig Geld ausgestattet - der Staat ließ uns gerade so über die Runden kommen - machten wir uns auf den Weg. Gut nur, daß wir im Westen hofiert wurden wie die Könige. Ein Geschäftsabschluß mit einem Ostler, das war schon was ganz besonderes. Unsere Hotelzimmer waren stets bezahlt, so hatten ich und mein Begleiter die Möglichkeit, des öfteren einen „draufzumachen“. Meistens waren die Jungs vom Staat furchtbar penibel. Man hatte ihnen eingeschärft nichts, aber auch gar nichts vom Klassenfeind anzunehmen. Das war Staatsbeleidigung! Ich hatte da weniger Hemmungen. Vor einer Geschäftsreise nach Westdeutschland hatte mir meine Frau eingeschärft: „Bring Zahnpasta mit! Zahnpasta und vielleicht ein paar Dosen Deospray! Vergiß es nicht!“ Ich vergaß es natürlich nicht. Zu dumm, daß ich zu Verhandlungen mit einer großen Handelskette fuhr. Ihr Chef lud uns, quasi als kleines Gastgeschenk, auf einen Blick in die Lagerhallen der Firma ein. „Nehmen Sie, was Sie wollen! Sind ja alles nur Kleinigkeiten“, meinte der Chef des Hauses. Ich ließ mich nicht lange bitten. „Zahnpasta und Deospray“, dachte ich. Bevor ich mich versah, hatte ich einen Karton mit Zahnpasta und einen mit Deodorant in meinen Händen. 20 Tuben Zahncreme und 20 Dosen Deospray, das konnte lange reichen. Die Firma war eben ein Großhandel. Nachdem mir die Herren noch zwei modische Sommerhemden aufgezwungen hatten, kehrte ich in mein Hotelzimmer zurück. Kurz darauf öffnete sich die Tür und mein Begleiter vom Außenhandel stand in der Tür. Als er die am Boden stehenden Kartons erblickte, machte er große Augen. „Wozu in aller Welt brauchst Du das ganze Zeug?“ Ich glaube, er war ernsthaft böse. Ich sah mich gezwungen, ihm die Hälfte abzugeben. Das war ganz klare Bestechung: Jetzt konnte ich sicher sein - er würde nichts den übergeordneten Behörden melden.

Etwas ähnliches erlebte ich in Stuttgart. Der Geschäftsführer einer dort ansässigen Handelskette schenkte mir und meinem Bewacher eine Münze aus echtem Gold. Ein Firmengeschenk und besonders teuer. Meinem Begleiter war die Sache sichtlich unangenehm. Er zierte sich solange, bis der Chef des Hauses die Sache aufgab. Nun kann ein abgelehntes Firmengeschenk, egal welcher Art, mancherlei Mißstimmung in die Vertragsgespräche bringen. Es gilt und galt immer, den Gesprächspartner nicht vor den Kopf zu stoßen. Schließlich wollte ich Aufträge. Lange Rede, kurzer Sinn: Mein Begleiter weigerte sich, seine Münze in Empfang zu nehmen und ich - großzügig, wie ich nun einmal bin - ließ mir beide schenken. Nach unserer Rückreise, kurz nachdem wir die Grenzkontrolle erfolgreich passiert hatten, überkamen mich dann aber doch Skrupel. „Genosse“, sagte ich zu meinem „Aufpasser“, „ich habe mir Deine Münze auch schenken lassen.“ Er machte ein verdutztes Gesicht. „Hier, nimm sie!“ Er steckte sie wortlos in die Tasche.

Ganz klar, hätte man die Münzen bei der Kontrolle in meinem Koffer gefunden, wäre nichts passiert. Allenfalls konnte man die guten Stücke einziehen.

Konsequenzen hätte es für mich aber kaum gegeben. Mein „Partner“ dagegen war als treuer Staatsdiener schon ganz anderen Zwängen ausgesetzt. Hätte man ihn mit Geschenken vom Klassenfeind erwischt, wäre er seine Stellung losgeworden. Ich dagegen hatte Narrenfreiheit. Eine verrückte und aberwitzige Zeit.

Kybernetik

Seit den 50er Jahren befaßte ich mich damit, innerhalb meines Betriebes kybernetische Strukturen aufzubauen. Ich hatte an Mathematik, Physik, Biologie und Ökonomie schon immer einen Narren gefressen. Die Kybernetik, ein aus diesen Wissenschaften hervorgegangenes Gebiet, faszinierte mich dermaßen, daß ich sie als das Ideal für den reibungslosen Fortgang der Dinge in meiner Firma begriff. Die Kybernetik, zu deutsch Steuermannskunst, ist stark vereinfacht als ein sich selbst regelndes und organisierendes System zu erklären. Ein System, das den Ausfall einiger Schaltkräfte ohne weiteres verkraften kann, ohne in seiner Arbeit eingeschränkt zu sein. In meinem Fall hieß dieses System Schilkin KG. Die Schaltkräfte waren die verschiedenen Abteilungsleiter, die oberste Regelstelle war ich. Fiel nun eine dieser Stellen länger aus, mußte der Betrieb genau so weiterarbeiten wie zuvor - das jedenfalls war mein Ziel.

Daß ich wie ein Besessener daran arbeitete, diesem abstrakten Modell Leben einzuhauchen, hatte seinen Grund. Schon seit einiger Zeit setzte ich meine Schaltkräfte, physikalisch ausgedrückt, nur noch zur Hälfte ein. Der Bau meines Hauses und die Umwälzungen in meinem Betrieb hatten mich derart in Anspruch genommen, daß ich einen Kreislaufzusammenbruch im Nervensystem des Ohres bekam. Die Folge: massive Gleichgewichtsstörungen, hervorgerufen durch vegetativen Streß. Ein anderer bekommt einen Herzinfarkt, ich mußte mich eben damit auseinandersetzen.

Ich war nur noch bedingt arbeitsfähig, doch bis zur Rente wollte ich mich durchschleppen. Einen Nachfolger für das Unternehmen hatte ich nicht aufbauen können. Mittlerweile gehörten wir dem Kombinat „Spirituosen-Wein und Sekt“ an. So oder so, die Kombinatsleitung bestimmte, wer die Leitung meines Betriebes übernahm. Zwar drängte man mich, auch über das Rentenalter hinaus die Geschicke der Firma weiter zu lenken, ich jedoch dachte gar nicht daran. So ist eben das Leben eines Unternehmers. Jemand, der im Rentenalter ist, sollte auch in den Ruhestand gehen und seinen Platz für jüngere Leute räumen. Da ich jedoch nicht wußte, wer dieser Jüngere sein würde, legte ich auf die Verwirklichung meines kybernetischen Systems besonderen Wert. Da konnte der Leiter eines Betriebes auch eine ausgemachte Flasche sein.

War er aber nicht. Alfred Grießbach, bis dahin im Kombinat „Spirituosen-Wein und Sekt“ Leiter der Materialbeschaffung, übernahm 1981 den Laden und führte ihn bis zur Wende.

Wenn man ein Haus und einen Garten hat, ist das Rentnerdasein eine wundervolle Sache.

Unser Haus und der Garten ließen mich und meine Frau Erna sogar ein Hobby vergessen, dem wir all die vielen Jahre unserer Ehe ausgiebig gefrönt hatten. Wir zwei Landratten liebten es, auf der „Carpe Diem“, dem ollen Schnapskreuzer, wie er im Volksmund genannt wurde, auf der Mecklenburgischen Seenplatte umherzuschippern. Seit dem Mauerbau hielten wir unser Boot beständig unter Dampf. Und jetzt, da mir das Pensionsdasein wieder ausgiebig Zeit für die „Carpe Diem“ einzuräumen versprach, weigerte sich Erna wieder an Bord unserer Yacht zu gehen. Sie wollte unsere freien Wochenenden in Haus und Garten verbringen. Wozu, so ihr Argument, bräuchten wir also das Boot? Ein wunderbarer Abschnitt unseres gemeinsamen Lebens ging zu Ende. Für uns beide stand die „Carpe Diem“ für die schönste Zeit, die wir je erlebt hatten. Für wundervolle Tage auf den Seen in Berlins Umgebung. Mit dem sogenannten Wassersport - als Wassersport betrachtet man eigentlich Segeln, wir verließen uns besser auf Dieselmotoren - verbinden sich für uns tausend Erinnerungen.

1938 fuhr ich mit Erna das erste Mal hinaus. Mit einem Expeditionsfaltboot. Es war besonders stabil gebaut und besaß ein kleines Zelt, das - so wenigstens war es es gedacht - vor Regen und Sturm Schutz bieten sollte. Doch während unser Boot 100 Prozent funktionstüchtig war, bereitete uns das Zelt so manches Problem. Nachdem wir uns eines Abends zum Schlafen niedergelegt hatten, überraschte uns nicht nur ein Regenguß, sondern vor allem der Umstand, daß wir trotz unseres Zeltdachs über dem Kopf, in kürzester Zeit klatschnaß waren. Durch die Stocklöcher im Zelt tropfte beständig das Wasser. Erna behob das Problem, indem sie in unserer „Höhle“ ihren Regenschirm aufspannte. Doppelt hält eben doch besser.

Doch dieses kleine Mißgeschick konnte unsere Begeisterung nicht im mindesten bremsen. Bald kauften wir ein kleines Motorboot, die „Sersch“, das schon bald von dem Jollenkreuzer „Koralle“ abgelöst wurde. Kurz vor dem Mauerbau erwarben mein in West-Berlin lebender Schwager und ich dann die „Carpe Diem“. Als unsere Familie später durch Honeckers Bauwerk getrennt wurde, hatte ich die Yacht plötzlich allein am Hals - und betrieb sie bis in mein Rentenalter. Carpe Diem - Nutze den Tag: eine wundervolle Aufforderung. Jetzt war es vorbei mit den faulen Tagen an Bord. Von nun an wollten Erna und ich den Tag nur noch in unserem Haus nutzen.

Ich tat jetzt all das, wofür ich vorher nie Zeit gehabt hatte. Ich las technische Bücher, das Interesse dafür stammte noch aus den Jahren an der Technischen Universität, beschäftigte mich mit Thermodynamik und Schweißtechnik und entdeckte meine Liebe zu manch anderen Fachgebieten. Während meine Frau, trotz einer Hausangestellten und eines Gärtners, den ganzen Tag über damit beschäftigt war, Haus und Garten in Ordnung zu halten, brütete ich über meinen Büchern und frönte meinem Stekkenpferd, der Technik.

Wie das eben so ist: Erst liest man nur, dann ist man bestrebt das Gelernte auch in der Wirklichkeit auszuprobieren. Und da kannte meine Fantasie keine Grenzen. Erst entwarf ich die maschinenbauliche Konstruktion für einen funkgesteuerten Garagentoröffner - der nach meinen Plänen auch gebaut wurde - und dann konstruierte ich ein versenkbares Panorama-Fenster für unsere Terrasse. Auf dem Dachboden baute ich ein großes Regallager (man sammelte ja damals alles - wer weiß, wofür es nochmal gut war) und stattete unsere Telefonanlage mit allen nur denkbaren Raffinessen wie Speicher und Mikrofon aus. Als nächstes integrierte ich in unser Grundstück eine Wasserhebeanlage - wir sind bis heute nicht an das Kanalisationssystem angeschlossen -; gut, daß ich mal etwas über Abwassertechnik gelesen hatte.

Und wenn ich einmal nichts plante und konstruierte, saß ich über meinen Büchern. Ich glaube, meine Frau hatte während meiner Zeit als Chef des VEB Schilkin wesentlich mehr von mir als nach meiner Pensionierung. Zehn Jahre baute und tüftelte ich. Daß sich meine Frau heute noch vom bequemen Sessel erheben muß, um die Gardine zuzuziehen, ist allein die Schuld der Politik. Hätte ich nur mehr Zeit gehabt, würde ich selbst dafür noch eine Fernbedienung erfunden haben.

Nur eines ist mir bis heute verwehrt geblieben: Es handelt sich wahrscheinlich um die verrückteste Idee, die ich je gehabt habe. Ein Spleen, der einen eigenartigen Reiz auf mich ausübt. Den Grundstock zu dieser Idee bildet das Obergeschoß meines Privathauses in Biesdorf. Sein Schieferdach reckt sich in eine Höhe von neun Metern. Steht man auf dem Boden unseres Hauses ist der Anblick des Gebälks und die Höhe des Daches, das dem einfühlsamen Betrachter wie die Kuppel eines kleinen Domes vorkommen muß, nicht minder eindrucksvoll. Man fühlt sich wie in einer Halle. So weit und geräumig scheint einem dieser riesengroße Raum. „Da machst Du einen Rittersaal draus", dachte ich mir vor nunmehr 20 Jahren und war so unvorsichtig, diese Idee auch meiner Frau mitzuteilen. Ihre Antwort war niederschmetternd. „Bleib auf dem Teppich", wies sie mich zurecht. „Was willst Du denn mit einem Rittersaal? Am Ende muß ich ihn ja wieder putzen und fegen!" Damit war die Sache vom Tisch. Aber eben nur vorläufig. Neue Nahrung erhielt mein Traum von der Tafelrunde erst lange Zeit später. Mir wurde ein Eichentisch riesigen Ausmaßes zum Kauf angeboten. Er war 6,50 Meter lang und hatte acht handgeschnitzte schwere Holzbeine. In mir erwachte das Raubtier. So eine Tafel mußte sich prima für einen Rittersaal eignen. Bevor ich mich versah, stand das gute Stück auch schon in unserem Hause. Erna hatte keinerlei Verdacht geschöpft. So einen Tisch konnte man immer gebrauchen.

Von da an ließ mich der Gedanke an meinen ganz persönlichen Rittersaal nicht mehr los. Wie schön mußte es sein, dort - ganz der alten Tradition verpflichtet - Feste zu feiern und zu speisen. In meiner Fantasie sah ich alles ganz deutlich vor mir. Schwere Kerzenständer standen wie an einem Band aufgereiht in der Mitte des Tisches. Von der Decke hing ein edler Kronleuchter. Die Gesichter meiner Gäste verschwammen im flackernden Schein der Kerzen. Ich war fasziniert. Als nächstes würde ich Ritterstühle kaufen. Nur meine Frau durfte unter keinen Umständen etwas davon merken.

Gesagt, getan. Ich wartete, bis Erna verreist war und machte mich auf die Suche nach den passenden Stühlen. Ich fand sie schnell. 22 eichene Stühle mit hohen Lehnen, die mit moosgrünen Polstern überzogen waren. Fehlten noch zwei Sessel. Sie beabsichtigte ich an das Kopf- und Stirnende der Tafel zu plazieren, und die Illusion einer zünftigen Ritterrunde würde perfekt sein. Auch die Sessel erwarb ich bald. Als nächstes stellte sich mir jedoch ein ganz und gar irdisches Problem in den Weg: Wie sollte ich 22 Stühle und zwei Sessel vor meiner Frau verbergen? Sie würde, dessen war ich mir völlig im klaren, beim Anblick der Stücke aus der Haut fahren. Die Antwort war einfach. Auf dem Boden lag eine Unmenge Krimskrams herum. Alte Kisten, Holz, das ich einmal zum Bau von Regalen verwenden wollte und ähnliche Dinge. Also versteckte ich die Stühle samt der Sessel in einer

Ecke und baute einen ansehnlichen Wall aus allerlei Baumaterial um meinen Schatz. Später würde ich angeben, den Boden aufgeräumt zu haben. Damit die Stühle nicht verrotteten, bezog ich sie mit blauem Stoff. Tatsächlich, es funktionierte: Erna freute sich sogar über meine Aufräumungsarbeiten. Sie war voll des Lobes und ich hatte ein schlechtes Gewissen. Erst Monate später ereignete sich ein wahrhaft dummer Zufall. Meine Frau suchte etwas - unglücklicherweise genau dort, wo ich meine Stühle versteckt hatte. Ich vernahm ihren markerschütternden Schrei, als ich gerade beim Lesen war.

Derweil wurde mein Plan vom Rittersaal über die Jahre weiterentwickelt. Nach und nach kaufte ich mir die Kerzenleuchter und später weißes Wachstuch, das als Tischdecke dienen sollte - alles streng geheim, versteht sich. In Gedanken malte ich mir aus, wie es wohl aussehen würde, wenn ich die Wände des 240 Quadratmeter großen Raumes mit Stoffbahnen aus weißem Leinen bespannte. Ein Künstler könnte mir später - nach dem Vorbild der Berliner Schloßattrappe - einige Fenster daraufmalen. Es wäre die perfekte Illusion.

Diese Gedankenspielchen bereiten mir noch heute gehörigen Spaß. Allein, mein Rittersaal steht bis heute leer. Keine Tafel, keine Stühle, kein Kronleuchter - meine Frau erlaubt es einfach nicht. Vielleicht geht mein Traum aber doch noch in Erfüllung. Den nächsten Anlauf werde ich nach der Rekonstruktion des Herrenhauses auf dem Gutshof unseres Firmengeländes unternehmen. Einen solchen Rittersaal könnte man dann als Konferenzraum benutzen und die Stoffbahnen mit den aufgemalten Fenstern brauchte man dann auch nicht mehr.

Wer zu spät kommt

Im Jahr 1988 erklomm Gorbatschow die oberste Sprosse der Macht. Für die meisten Menschen in der DDR war das ein Hoffnungsschimmer. Ich gebe zu, er interessierte mich nur am Rande. Am äußersten Rand, denn für die Russen selbst zeichnete sich durch Gorbis Machtergreifung wenig ab. Sicher, es bestand die Hoffnung auf Demokratisierung, doch Gorbatschow machte keine Anstalten, sich von den überholten Ideologien des Marxismus-Leninismus zu trennen. Er unternahm zu wenig gegen das Zentralkomitee und hatte nie die Absicht, die Macht der KPdSU zu brechen oder gar anzutasten. Eines war klar: Gorbatschow konnte etwas bewegen. Aber konnte er, der er in den kommunistischen Strukturen der Sowjetmacht gefangen war, auch reformieren? Die Geschichte zeigte, daß er es konnte. Die Geschichte läßt offen, ob er es auch so wollte!

Das Römische Reich ist zerfallen. Das Byzantinische und das Osmanische ebenfalls. Die Geschichte hatte mich gelehrt, daß auch das Reich der KPdSU einmal zerfallen würde. Aber ich dachte nicht einmal im Traum daran, daß es so bald geschehen würde. Eine Unklarheit gibt es für mich noch immer. Heute, so nah an den Ereignissen von 1989, frage ich mich: „Woran ist dieses Sowjetimperium praktisch über Nacht gescheitert?" Ich zerbreche mir den Kopf darüber. Woran eigentlich? Nein, ich hatte weder mit einer Umwälzung in Rußland noch in der DDR gerechnet. Gorbatschow, immerhin ein Ziehsohn des Kommunismus, brachte den Stein paradoxerweise ins Rollen. Bestes Beipiel: die Kundgebungen bei Gorbis Besuch in der DDR. „Wer zu spät kommt, den bestraft das Leben", diktierte der Staatsmann den Journalisten in die Blöcke, ohne zu wissen, daß auch er selbst bald ein Opfer seines „Zuspätkommens" sein würde. All diesen Vorgängen maß ich jedoch wenig Bedeutung zu. Selbst als die Flüchtlingslager in Ungarn überfüllt waren und die westdeutsche Botschaft in Prag aus allen Nähten platzte, glaubte ich noch immer nicht an den Untergang des kommunistischen Staates DDR. Was waren einige 100.000 Menschen, die in den Westen gehen wollten, gegenüber den Millionen Deutschen, die vor dem Mauerbau das Land in Richtung BRD verließen. Die DDR hätte ihre Ausreise verkraftet, wären nicht diejenigen, die zwar einerseits in der DDR bleiben wollten, andererseits jedoch die Nase voll hatten von einer pseudodemokratischen Partei Marke SED, auf die Straße gegangen. Die Unsicherheit der Alt-Herren-Riege im Zentralkommitee war deutlich zu spüren. Die Sowjetunion unter Gorbatschow hielt sich für alle sichtbar aus den Geschehnissen innerhalb der DDR heraus. Das Risiko, ohne die Unterstützung der sowjetischen Armee gegen die Demonstranten vorzugehen, war der DDR-Führung einfach zu groß. Auf ihr eigenes Militär, die NVA, konnten sich die Stalinisten schon lange nicht mehr verlassen. Die Wehrdienstleistenden, die im Notfall auf die Demonstrierenden losgelassen werden sollten, gehörten schließlich ebenso zum Volk, wie die, welche durch die Straßen Leipzigs oder Berlins zogen und die Abdankung Honeckers und seiner Genossen forderten. Was hätte die Soldaten daran gehindert, ihre Waffen fallenzulassen und überzulaufen? Beim Mauerbau geschah das schließlich hundertfach. Kein Zweifel: Die Armee war schon lange nicht mehr linientreu. Die Führung hatte die angespannte Lage zu keiner Zeit im Griff. Der Anfang vom Ende der Deutschen Demokratischen Republik begann.

Ich verfolgte diese Geschehnisse zu Hause am Fernsehschirm. Ich sah die Freude der vielen Ausreisewilligen, als sie das Land verließen. Ich sah Kanzler Kohl die Freiheit Deutschlands verkünden, und ich registrierte den Aufstieg Hans Modrows zum Chef der DDR-Übergangsregierung. Was das für mich und meine Firma für Auswirkungen haben sollte, war mir damals nicht im entferntesten bewußt.

In einer Flut von Zeitungsartikeln tauchten plötzlich Spekulationen über Entschädigungen für von den Kommunisten enteignete Unternehmer auf. Was wurde nicht alles geschrieben. Entschädigung und Reprivatisierung war plötzlich in aller Munde. Ich hielt von diesen Überlegungen bis dahin wenig und ließ mir gedanklich alles offen. Schließlich genoß ich mein Pensionärsdasein und nichts grauste mich mehr als die Vorstellung, ein weiteres Mal für einen Betrieb verantwortlich sein zu müssen. Sicher, ich hatte genug Fantasie, um mir eine angemessene Entschädigung vorstellen zu können. Wann es jedoch zu einer solchen Regelung kommen könnte, lag im Dunkeln. Ich hatte recht, ein entsprechendes Gesetz ist bis heute noch nicht verabschiedet. Viel schneller, weil im Sinne des Staates, ging es da mit dem Gesetz zur Reprivatisierung von Firmen. Schon am 7. März 1990 wurde die entsprechende Vorlage gebilligt und trat in Kraft. Doch nicht dieses Gesetz war es, das mich dazu veranlaßte, meine alte Firma wieder zu übernehmen - es schaffte lediglich die Grundlage - sondern der Besuch von Freunden des Wirtschaftsrates.

An einem Tag im April tauchten sie plötzlich in meinem Haus auf. Ohne Voranmeldung, ohne mit mir auch nur ansatzweise über die neue Situation diskutiert zu haben. Ohne langes Palaver kamen sie sofort auf den Punkt. Mit den Worten „Was ist eigentlich mit Dir los? Alle haben einen Antrag auf Reprivatisierung gestellt, nur Du nicht", zogen sie einen Antrag auf Rückführung des VEB Schilkin in meine Hände aus der Tasche und präsentierten ihn mir. Tatsächlich hatte ich wenig Neigung, mich in ein Abenteuer dieser Art zu stürzen und blieb skeptisch. „Habt Ihr das Lügen aus alter Zeit noch nicht verlernt, oder warum legt Ihr solchen Wert auf meine Unterschrift?", witzelte ich, denn eigentlich waren wir alte Freunde. Und da kam es heraus. Der Wirtschaftsrat wurde in absehbarer Zeit aufgelöst. Die verbliebenen Mitarbeiter hatten jetzt die Aufgabe, Ex-Unternehmern und Enteigneten bei der Abfassung ihrer Anträge behilflich zu sein. Der bürokratische Dschungel war wie immer dicht und undurchschaubar. Beeindrucken konnte mich das alles wenig. Doch einer der Leute vom Wirtschaftsrat schien in mich hineinzublicken. Er sprach das aus, was zu denken ich mich schon immer gefürchtet hatte: „Wenn Du diesen Antrag nicht unterschreibst, müssen Dich die anderen für eine ausgemachte Pfeife halten!" Ich war total überrascht. Das hatte eingeschlagen. Der Kerl packte mich bei der Ehre. Für meine Besucher war die Sache damit erledigt. „Mach Dir keinen Kopp. Nächste Woche ist alles fertig. Du brauchst bloß noch zu unterschreiben". „Bin ich dann festgenagelt?", fragte ich zaghaft und wußte, ich war es bereits. „Nö, kannst natürlich immer zurücktreten.“ Ich unterschrieb und wußte doch nicht, wie sich die Dinge weiterentwickeln würden. Kaum war das Reprivatisierungsgesetz in Kraft, wurde ich auch schon mit Angeboten westdeutscher Firmen bombardiert. Alle wollten mir plötzlich meine Ansprüche auf den Gutshof Alt-Kaulsdorf abkaufen. Eine Hamburger Holzgroßhandlung war da besonders massiv. Immer wieder klingelte mein Telefon. Immer wieder wurden mir neue Angebote unterbreitet. Man wolle einen Holzgroßmarkt auf dem Areal errichten, ließen mich die Vertreter der Hanburger Firma wissen. Schließlich würde es mit dem Spirituosengeschäft sowieso nichts mehr. Doch für mich stand ein Verkauf des Grundstücks überhaupt nicht zur Debatte. Ob das die Nordlichter verknusen konnten? Wohl kaum, denn eines Tages stand ein Abgesandter der Hamburger vor meiner Tür und wollte mich umstimmen. Mühevoll komplimentierte ich ihn wieder hinaus.

Wenig später fand ich mich zwecks Verhandlungen mit der Treuhand in einem Büro in der Schneeglöckchenstraße wieder. Zusammen mit dem Betriebsdirektor des VEB Schilkin, Grießbach, verhandelten wir über die Rückübertragung meines Betriebes. Uns war natürlich klar, daß der Betrieb ohne Finanzierungshilfen unter marktwirtschaftlichen Bedingungen den nächsten Tag nicht erleben würde. So kamen wir mit der Treuhandanstalt folgendermaßen überein: Der VEB Schilkin wird wieder in eine Kommanditgesellschaft umgewandelt. Die staatlichen Anteile von 85 Prozent übernimmt die Treuhand, die restlichen 15 Prozent übernehme ich als Komplementär, also als persönlich haftender Gesellschafter. Aus meiner Spirituosendestille war wieder ein halbstaatlicher Betrieb geworden.

Der Gang nach Canossa?

Der VEB Schilkin beschäftigte bis 1. Juli 1990 etwa 180 Mitarbeiter. 2 Millionen Flaschen wurden monatlich auf den Markt geworfen. Doch genau dieser Markt brach plötzlich weg. Der DDR-Großhandel - unser Hauptabnehmer - hatte sich fast aufgelöst oder war im Besitz westdeutscher Firmen. Unser Absatz stagnierte. Die alte Rechnung der Planwirtschaft - „Verluste vorher einplanen, liegen wir drunter, machen wir Gewinn“ - funktionierte nicht mehr. Es mußte entlassen werden.

Die groben Umrisse waren also abgesteckt, und sie sahen nicht sehr rosig aus. Ich rief zur Betriebsversammlung. Sollte es der Gang nach Canossa werden? Da kam der alte Eigentümer Schilkin und hatte nichts Besseres zu tun, als einen Großteil seiner ehemaligen Belegschaft zu entlassen. Mußten das meine Arbeiter nicht denken? Mir war alles andere als wohl dabei.

Ich sprach vor der gesamten Belegschaft meines Betriebes und versuchte den Leuten klarzumachen, wie ich mir die Zukunft der Schilkin KG vorstellte. Plötzlich erhob sich die Vorsitzende der Betriebsgewerkschaftsleitung und sagte: „Alles schön und gut, aber welche Rolle spielen Sie im Betrieb? Verteilen Sie nur die Arbeit?“ Eine berechtigte Frage. „Ich bin der Eigentümer“, sagte ich. „Ich habe darauf zu achten, daß alles seinen Gang geht. Ich halte die Fäden in der Hand und ordne von Fall zu

Fall all die Dinge neu, die unter marktwirtschaftlichen Gesichtspunkten nicht profitabel sind." „Entlassungen?", fragte die BGL-Vorsitzende. Ich nickte. „Wir müssen um Marktanteile kämpfen, und es sieht nicht gut aus." Natürlich sicherte ich den zu entlassenden Mitarbeitern eine angemessene Abfindung zu. Nach einigem Hin und Her kam endlich der große Moment. Ein anwesender Vertreter der Treuhand nahm die Abstimmung in die Hand. „Wer für die Pläne des Herrn Schilkin ist, hebe die Hand!" Ich starrte erwartungsvoll in die Reihen der Belegschaft. Hatte ich ein knappes Abstimmungsergebnis erwartet, so lag ich falsch. 180 Hände schossen in die Höhe. Mein Konzept war einstimmig angenommen. Für den erfolgreichen Fortgang der Firma war die Entscheidung enorm wichtig. Hätte die Belegschaft meinen Plänen nicht zugestimmt, hätte ich den Betrieb erst nach der Vereinigung übernehmen können. So war die Rechtslage - ein von der Regierung Modrow verabschiedetes Gesetz, das einer jeden Belegschaft unter demokratischen Gesichtspunkten das Mitbestimmungsrecht einräumte. Das Zivilgesetzbuch der DDR war noch immer das ein und alles. Aber nicht nur, daß wertvolle Zeit im Kampf um Marktanteile verlorengegangen wäre, ich wäre auch deprimiert gewesen, hätte mich meine Belegschaft nicht zurückgewollt.

Als Eigentümer und Geschäftsführer der Schilkin KG hatte ich auch schon gleich meine erste schwere Amtshandlung vor mir. An das schwarze Brett in der Kantine ließ ich eine Bekanntmachung anbringen. Ich wandte mich zuerst an diejenigen, die von der Möglichkeit des Vorruhestands Gebrauch machen konnten. Aber meine Abfindungsangebote - sie lagen etwa zwischen 6.000 und 10.000 Mark - waren durchaus auch für die jüngeren unter meiner Belegschaft interessant. Was dann kam, klingt unglaublich. Das Argument Geld zog. Es meldeten sich mehr Leute, die entlassen werden wollten als ich vorher gedacht hatte. Für die Vorruheständler war eine Abfindung in dieser Höhe schon ein lohnendes Geschäft. Aber was mich besonders verwunderte: Gerade die jungen Leute strichen das Geld ein und verabschiedeten sich gen Westen. Drüben, so dachten sie, gäbe es ja sowieso mehr zu verdienen. Von steigender Arbeitslosigkeit sprach damals noch niemand. Ein neues Auto und der Job in Westberlin lockten mehr als ein langfristig gesicherter Arbeitsplatz, der in meiner Firma nie gewährleistet gewesen wäre. Es war schon merkwürdig: Die jungen Leute gingen, die älteren hielten mir die Treue. Ich hatte quasi meine Stammbelegschaft von vor zehn Jahren wieder. Am 1. Juli 1990 wurde dann der VEB offiziell in eine KG umgewandelt. Unsere Eröffnungsbilanz wurde gleich in DM gemacht. Die Treuhand stellte uns Investitionen für die Erneuerung der Gebäude und technischen Anlagen in Aussicht. Der erste Schritt war gemacht, nur unser Verkauf tangierte gegen Null.

Ich wußte, meiner Firma stand eine harte Zeit bevor. Aber meine Überlegungen waren folgende: Wir waren der viertgrößte Spirituosenbetrieb der DDR und hatten bei den Konsumenten eine gewisse Stellung erreicht. War der erste Hunger nach Westprodukten erst einmal gestillt, würden sich die Leute schon wieder an den alten Schilkin erinnern. Nur wann würde das sein? Nicht nur wir standen im Jahr der Deutschen Einheit vor schier unlösbaren Problemen. Fast die gesamte ostdeutsche Wirtschaft brach in sich zusammen. Das war absehbar und leider nur allzu logisch. Und dennoch: Die Regierenden hätten Deutschland langsamer und überlegter zusammenführen müssen. Hatte ich anfangs noch an ein vom Westen gesteuertes Programm zur schrittweisen Überführung von Ost-Betrieben in marktwirtschaftliche Verhältnisse geglaubt, erwies sich das als Trugschluß. Die Einheit wurde übers Knie gebrochen. Ich kann die Manager im Westen natürlich begreifen. Sie holten das Beste aus der Situation heraus. Doch ist es gerecht, wenn Westfirmen die praktisch über Nacht zusammengebrochenen Ost-Betriebe für „'n Appel und 'n Ei" erwarben? Hätte die Kooperation zwischen westdeutschen Wirtschaftsexperten und ostdeutschen Fachleuten dies nicht verhindern können? Eine halbwegs große Firma braucht für eine Umstellung ihrer Organisation und Struktur zirka drei bis fünf Jahre, um auf einem hart umkämpften Markt überhaupt konkurrenzfähig zu sein. Wem wurde diese Chance gegeben? Fast niemandem. Wo war der Politiker, der dieser Entwicklung einen Filter vorsetzte?

Unsere Spirituosenproduktion ging dramatisch zurück. Der ostdeutsche Großhandel brach zusammen, das Geschäft mit dem Westen fiel ebenso weg. Sämtliche Fäden hatte hier der staatliche Außenhandel in der Hand gehalten, und der existierte nicht mehr. Wir blieben auf unseren Flaschen buchstäblich sitzen. Nur unser Pförtner brachte die eine oder andere Flasche an den Mann. Die Kaulsdorfer hatten uns nicht vergessen.

Und wieder stand uns das Glück zur Seite. Eines Tages erschien der Einkäufer einer großen deutschen Handelskette in meinem Büro. Mit ihm hatte der DDR-Außenhandel einen Vertrag über die Lieferung von mehreren Millionen Flaschen „Sershin Wodka Silber" gemacht. Er platzte in mein Büro und war sichtlich erregt. „Was ist los mit Ihnen? Warum liefern Sie nicht?" „Ich dachte, das ist hinfällig. Das lief doch alles über den Außenhandel", entgegnete ich verwirrt. Der Mann holte unseren Vertrag aus der Tasche, als müßte er mich an unsere Abmachung erinnern. „Aber verstehen Sie doch", flehte ich ihn an „ zu den bisherigen Preisen können wir nicht liefern." Wir verkauften bis dahin jede Flasche billiger in den Westen. Ein Deal, der dem Staat Devisen einbrachte. Wir bekamen die zum vollen Preis fehlende Differenz vom Außenhandelsunternehmen zurück. „Wer spricht denn hier von diesen Preisen? Sie werden doch Listenpreise haben." „Wir sollen zu Listenpreisen liefern?", fragte ich ungläubig. „Na, was denken Sie denn, Mann!" Ein westdeutscher Großmarkt brachte uns plötzlich wieder auf die Beine.

Es lebe der Zar

Jetzt hieß es so schnell wie möglich im Westen bekannt werden. Eine Westberliner Werbeagentur sollte das entsprechende Konzept dazu ausarbeiten. Natürlich kannten die Publicity-Profis meine Lebensgeschichte. Was also lag näher als ein weiß-blau-roter Werbefeldzug. Die weiß-blau-rote russische Flagge mit dem unter dem Zarenadler geborenen Sergei Schilkin - das sollte der Renner werden. Ihr Konzept gipfelte in dem Slogan: „Es lebe der Zar!“

Als ich von den Plänen der Werbeagentur erfuhr, bekam ich einen Schreck. Man kann sagen, ich war platt vor soviel Dreistigkeit. Wir als ehemaliges ostdeutsches Unternehmen sollten gleich nach der Wende mit dem Zaren werben? Das ging nicht. Auf gar keinen Fall. Andererseits, so sagte ich mir, mußte etwas passieren. Warum also nicht mit einem Paukenschlag ins Geschäft einsteigen? Kurz und gut, ich hatte das letzte Wort und ich entschied: „Wir machen`s!“ Das Konzept wurde rechtzeitig zur Allgemeinen Nahrungs- und Genußmittelausstellung (ANUGA) in Köln verwirklicht. Wir bekamen Poster, ein Werbefilm - der Zar stets im Mittelpunkt - war bereits produziert und wir fieberten der Messe entgegen. Ich gebe es zu, in der Nacht vor der Austellungseröffnung tat ich kein Auge zu. Immer wieder geisterten mir die wildesten Gedanken durch den Kopf. „Was mußten die Kollegen aus der Bundesrepublik von mir denken? Die Wende in Rußland war kaum vollzogen, eigentlich dauerte sie noch an, und der Schilkin warb bereits mit dem Zaren ...! Die mußten mir doch einen Vogel zeigen." Immerhin war ich gerade Ehrenpräsident des Bundesverbandes der Deutschen Spirituosenindustrie in Bonn geworden, saß im Präsidium neben den Herren Harald Eckes-Chantré, Dr. Berentzen, Kurt Grün und Nicolaus Schladerer Ulmann und konnte mich beim besten Willen nicht der Lächerlichkeit preisgeben. Aber, es passierte nichts. Gar nichts! Wie zu jeder Messe besuchte auch Bundeskanzler Helmut Kohl die ANUGA. Er lief durch die Gänge, blieb vor dem einen oder anderen Stand stehen und befragte das Firmenpersonal. Als er an meinem Stand anlangte, huschte ihm ein breites Lächeln über das Gesicht - so berichteten es jedenfalls meine Mitarbeiter. Die Werbung wurde akzeptiert. Als mich auch auf der Bundeshauptversammlung der Deutschen Spirituosenindustrie niemand wegen des Slogans angriff, faßte ich den Entschluß, auch unsere Lastzüge mit „Es lebe der Zar!" zu beschriften. Den Leuten schien es zu gefallen. Selbst wenn nicht, niemand hat sich negativ darüber geäußert - bis jetzt.

Dennoch ging die Strategie meiner Werbeagentur nicht ganz auf. Die Herren hatten sich beim Erfinden unseres Werbespruchs noch etwas ganz anderes vorgestellt. Die Leute sollten einander, wenn sie unseren Wodka tranken, mit den Worten „Es lebe der Zar!" zuprosten. Mir ist kein Fall bekannt, bei dem das gelungen wäre.

Weisse Nächte

Im selben Jahr fuhr ich mit meiner Frau nach St. Petersburg. Diese Stadt, die ja neben Berlin meine Heimatstadt ist, hat mich nie ganz losgelassen. Schon 1987 hatte ich das erste Mal ihren Boden betreten - am 26. Juni, unserem Hochzeitstag. Was gibt es schöneres für ein Paar, als die Weißen Nächte in der Newa-Stadt erleben zu dürfen? Fast sechzig Jahre nach unserer Flucht kehrte ich also dorthin zurück. Mich hat der Wunsch, noch einmal mein Vaterhaus zu sehen, nie ganz verlassen. Oft stellte ich mir vor, wie ich den Weg von meinem Haus an der Moika zum Newski-Prospekt ging. So, wie ich es damals mit Vater getan hatte. Siebzig Jahre war das jetzt her. Siebzig Jahre zwischen Hoffen und Bangen. Ich war nicht sicher, ob ich meine Heimat noch einmal wiedersehen würde. Die Angst vor Repressalien durch die sowjetischen Behörden hatte mich stets von einem Besuch abgehalten. Ich hatte tatsächlich Angst, daß man mich drüben behalten wollte. Vielleicht unbegründet, aber an dieser Stadt hingen viele meiner Erinnerungen und tausend Schilderungen meiner Eltern. Nicht alle, gerade die, welche mit dem kommunistischen System zusammenhingen, waren positiv. Ich wurde deshalb weder meiner Wehmut nach der Heimat, noch meiner Angst vor dem KGB richtig Herr. Und nun war ich wieder hier, auf der Suche nach meinem Vaterhaus an der Moika.

Die Stadt hatte sich auch 1990 kaum verändert. Vieles war noch immer so, wie ich es in meiner Erinnerung stets vor mir gesehen hatte. Die Fassaden waren nicht ganz so ordentlich wie in der Zarenzeit. Autos rumpelten über das alte Kopfsteinpflaster. Die Schlösser an den schweren Eingangstüren zierte - trotz des Kommunismus - der frisch vergoldete Zarenadler. Eine Konzession, die man wohl dem Tourismus machte.

Mein Geburtshaus erkannte ich schnell wieder. Es war schon merkwürdig. Mit klopfendem Herzen erklomm ich die Stufen, die zu unserer ehemaligen Wohnung führten und sah durch eines der Treppenfenster auf den Hof hinaus. Mein Blick fiel auf mein ehemaliges Kinderzimmer. Die alten Bilder stiegen in mir auf. Ich erinnerte mich, wie ich just in diesem Zimmer drei lange Wochen darniederlag. Der Scharlach hatte mich ans Bett gefesselt. Manchmal, wenn es gar zu langweilig für mich kleinen Steppke geworden war, ging ich ans Fenster, schaute hinaus auf die Straße entlang der Moika und genoß den selben Anblick wie in diesem Moment, in dem mir, siebzig Jahre später, diese Gedanken durch den Kopf schossen. Meine Eltern hatten es nie gern gesehen, wenn ich mit den Kindern, mit Ausnahme des Hausmeistersohnes Jurka, spielen wollte. Genau gesagt erlaubten sie es auch nur ein einziges Mal. Wahrscheinlich zog ich meiner Mutter solange am Rockzipfel, bis sie mich in die ersehnte „Freiheit" Straße entließ. An eine Hauswand waren kurze Betonröhren, wie man sie für die Kanalisation benutzt, gelehnt. Für uns Kinder war das eine tolle Sache. Was konnte man nicht alles mit ihnen machen. Sie ergaben prima Höhlen und verleiteten zu allerlei Dummheiten. Ich weiß es noch genau, wir spielten Familie und kochten einander, natürlich nur in unserer Fantasie, köstliche Mahlzeiten. Zum großen Teil bestanden diese Lekkerbissen aus Sand, Gras und Scherben, die wir zufrieden grunzend verspeisten - wir taten jedenfalls so. Die Verbindung mit den „Straßenkindern" nahm jedoch ein abruptes Ende. Irgendwie infizierte ich mich und lag kurz darauf mit Scharlach im Bett. Die Fenster des Eckzimmers waren verdunkelt und ich mußte schier endlos warten, bis man mich aus meinem trostlosen Gefängnis entließ und ich genesen war. Manchmal, zu später Stunde, wenn ich erwachte, stieg ich aus dem Bett und beobachtete das Schneetreiben der kalten Nacht. Im Nebenraum auf einem Feldbett lag schlafend mein Vater Apollon. Ganz in der Nähe, um immer bereit zu sein, wenn ich, sein Sohn, nach ihm rief.

Dann ging ich hinauf zur Wohnungstür und staunte nicht schlecht. Dort wo früher der Name Schilkin an der Wohnungstür prangte, las ich sieben verschiedene Namen unter sieben verschiedenen Klingeln. Sieben Mietparteien teilten sich also heute unser Heim. Wahrscheinlich wurden Zwischenwände eingebaut. Die Wohnungsnot hatte unglaubliche Ausmaße angenommen.

Ins Gespräch kam ich - was ich nicht nur bedauerte, sondern mich ausgesprochen ärgerlich machte - mit niemandem. Schon früher hatte ich versucht, mit den Russen auf der Straße oder im Restaurant Kontakte zu knüpfen. Naiv wie ich war, dachte ich, dies könne für mich wohl kaum ein Hindernis sein. Ich sprach ein perfektes und fast reines Russisch. Das St. Petersburger Russisch besitzt die sauberste Aussprache, bei uns in etwa vergleichbar mit dem Hochdeutsch der Hannoveraner. Sicher, ein wenig akzentuiert werde ich meine Muttersprache schon sprechen. Schließlich hatte ich ein halbes Jahrhundert in Berlin gelebt. Aber dies schien mir nicht so sehr von Belang zu sein, daß ich daran gezweifelt hätte, die Russen würden mich nicht als einen der ihren akzeptieren. Ich hatte mich getäuscht. Schon bald merkte ich, wie sie mich behandelten. Die treffendste Bezeichnung dafür: wie einen Aussätzigen. Im Restaurant oder im Hotel versuchte ich immer wieder mit meinen Landsleuten ins Gespräch zu kommen. Stets sahen sie mich erstaunt an und taten einfach so als sprächen sie überhaupt kein Russisch. Und das, obwohl ich ihrer Diskussion schon vorher gelauscht hatte. Ich war enttäuscht und betrübt darüber, daß die Menschen unter der Knute des Kommunismus leben mußten, denn ich schrieb die abweisende Haltung der Russen mir gegenüber dem Einfluß des KGB zu. Natürlich sah man sofort, daß ich keiner der ihren sein konnte. Meine Erscheinung, das heißt Kleidung und sicher auch Benehmen, entlarvte mich schnell als Tourist. Aller Wahrscheinlichkeit nach wünschten die Staatsbeamten keinerlei Kontakte zwischen Ausländern und Einheimischen. Und: Sie wußten dies auch durchzusetzen. Die Stasi war gegen den KGB eben immer schon ein Karnevalsverein.

Das gute alte Roulette

Nachdem mein Betrieb langsam wieder einen Fuß auf den von der Konkurrenz hart umkämpften Markt bekommen hatte, stellten wir unseren Produktionsablauf völlig um. Totale Automatisierung war angesagt. In kürzester Zeit stand in unserem Werk eine vollautomatische Abfüllinie. Während mit den herkömmlichen Maschinen nur etwa 6.000 Flaschen pro Stunde vom Band liefen, schafften wir nun das Doppelte. Auch die Flaschenverpackung ging von nun an automatisch. Statt der drei Arbeiter, die unsere Kartons falteten, klebten und die Wodkaflaschen verpackten, reichte plötzlich ein einziger Mann, der nichts weiter zu tun hatte, als die neue Anlage zu überwachen. Den Rest des Jobs erledigte die Maschine allein.

Auch für den Absatz unserer Spirituosen - immerhin ein ganz wichtiger Punkt für den Erfolg eines Unternehmens - fand ich schnell eine geeignete Lösung. Anfangs war ich bemüht, eine eigene Vertriebsorganisation aufzubauen. Wir wollten sämtliche Handelsketten und die gesamte Berliner Gastronomie- und Hotelbranche beliefern. Das jedenfalls war mein Ziel. Klappte dies nicht, konnte man an das Überleben der Schilkin KG nicht einmal denken. Aus diesen Überlegungen ergab sich folgendes: Die noch zu VEB-Zeiten errichtete Lagerhalle am Eingang unseres Grundstücks sollte zu einer Art Spirituosengroßhandel umfunktioniert werden. Bisher lagerten dort Etiketten, Kartons und Flaschenverschlüsse. Gesagt, getan. Die Halle wurde entrümpelt und modern eingerichtet. Was dann folgte, war so unfaßbar, daß ich nicht einmal im Traum daran gedacht hätte.

Meine Werbeagentur verfaßte einen Brief, ich weiß heute gar nicht so recht warum eigentlich, an den Getränkegroßhändler Lehmann. Das Unternehmen - Slogan: „Ick koof bei Lehmann" - bestand seit 30 Jahren und war sozusagen schon eine Berliner Institution. Dieses Schreiben, von Profis der Werbebranche verfaßt, enthielt alle psychologischen Feinheiten, die man sich nur denken kann. Ich stellte mich kurz vor, erzählte in ihm einen Teil meiner Lebensgeschichte, berichtete über das Unternehmen und wollte, wie könnte es anders sein, den Chef des Getränkegroßhandels, Herrn Lehmann, einmal persönlich kennenlernen. Der Witz an der Sache war, ich hatte den Brief weder verfaßt, noch war mir die Idee gekommen, mich an den bekannten Geschäftsmann zu wenden. Kurz: Schaden konnte mir das Briefchen nicht. Ich unterschrieb, gab vor, mich in den nächsten Tagen telefonisch zu melden und hatte das Papier schon wieder vergessen als es von meinem Schreibtisch in die Post wanderte. Wenig später erreichte mich ein Anruf meiner Werbeagentur: „Herr Schilkin, wir können doch nicht einen solchen Brief schreiben und nachher melden Sie sich nicht. Was macht denn das für einen Eindruck?" Der Mann hatte völlig recht. Schließlich hatte ich meine Unterschrift darunter gesetzt. Was mußte Herr Lehmann nur von mir halten ...? Ich ließ mir also seine Telefonnummer geben und siehe da, der Chef war auch schon selbst am Apparat. „Herr Schilkin", vernahm ich seine Stimme am anderen Ende der Leitung,

„auf ihren Anruf warte ich schon eine Ewigkeit. Wann kommen Sie denn mal vorbei?" „Tja, wann sie wollen. In den nächsten Tagen", antwortete ich. „Ah, wissen Sie, meine Zeit ist derzeit knapp bemessen. Morgen will ich auf meine Yacht nach Monaco. Ich weiß nicht, ob ich so schnell wiederkommen werde. Eigentlich ...", es entstand eine kurze Pause. Wahrscheinlich blätterte er in seinem Terminkalender, „... ginge es nur noch heute." „Na dann komme ich eben gleich jetzt vorbei", sagte ich. Man konnte sowas nicht schnell genug hinter sich bringen. Er willigte ein und wenig später kreuzte ich in seinem Büro auf.

Dort kam ich aus dem Staunen nicht heraus. So etwas hatte ich noch nicht gesehen. Lehmanns Schaltzentrale war ein Großraumbüro. Die einzelnen Schreibtische und Arbeitsplätze waren zwar voneinander abgegrenzt, aber ohne Türen. Lehmanns Zimmer befand sich genau in der Mitte des Raumes. Der Mann war clever. So entging ihm kein Gespräch seiner Mitarbeiter. Nicht einmal ein Computer konnte klickern, ohne daß es der Chef bemerkte. Lehmann selbst, ein Mann um die fünfzig, saß hinter einem riesigen Schreibtisch. Hinter ihm an der Wand hing ein Foto von seiner Yacht. Ein schnittiges Modell, etwa 13 Meter lang und hochseetüchtig. Da auch ich ein Skipper war, wenn auch nicht in diesen Ausmaßen wie es bei Lehmann zu sein schien, hatten wir sofort etwas zu erzählen. Zunächst lobte ich sein Boot: „Toll diese Formen. Wirklich ein Wahnsinnsschiff", mußte aber bald einsehen, daß er in ganz anderen Dimensionen als ich dachte. „Wahnsinnsschiff? Das ist doch schon ein Auslaufmodell. Nächstes Jahr kaufe ich mir eine neue Yacht. Die ist noch schnittiger." Ich beschloß, mich darauf einzustellen. Er berichtete, daß er oft an der Cote d`Azur wäre, einfach so zur Entspannung. „Welch ein wunderbares Klima, welch tolle Leute ...“ Monaco sei ihm am liebsten. Dort könne er in der Spielbank seinem Hobby nachgehen. „Ich setze nicht viel, meistens verliert man ja doch.“ „Was spielen Sie denn gern?“, fragte ich, der noch niemals in seinem Leben um Geld gespielt hatte. „Roulette“, antwortete Lehmann. „Ja, das gute, alte Roulette ist mir auch das liebste“, beendete ich den small-talk.

Dann gingen wir zum geschäftlichen Teil unseres Treffens über. Lehmann fragte mich, ob ich nicht einen Platz in unserer Nähe kenne, an dem er eine neue Filiale aufmachen könne. Westberlin war mit seinem Großhandel flächendeckend überzogen. Jetzt wollte er einen Fuß in den ostdeutschen Markt bekommen. Bei mir machte es sofort „klick“. Ich bot ihm unsere ehemalige schon ausgebaute Lagerhalle am Eingang des Firmengeländes an. Wir hatten dort bereits automatische Türen und neue Regale einbauen lassen - ganz nebenbei noch einen überdachten Parkplatz gebaut. Er war sofort Feuer und Flamme. Schließlich bot sich ihm die Möglichkeit, eine der schönsten und größten Hallen praktisch über Nacht zu pachten. „Aber nur unter einer Bedingung“, stellte ich meine Ansprüche klar. „Sie nehmen unsere Produkte in ihr Sortiment!“ Lehmann willigte ein. Das Geschäft klappte. Schlagartig standen Schilkinspirituosen neben den Erzeugnissen berühmter in- und ausländischer Unternehmen. Das war das Ereignis, das uns auch im Westen bekannt machte. Und dies praktisch über Nacht. Wir waren wieder wer.

„Unter'n Tisch trinken"

Im November 1991 wurde der Betrieb aus der Treuhand entlassen. Sämtliche Anteile gingen auf mich über. Nach langem Hick-Hack mit den staatlichen Behörden wurde mir auch das 25.000 Quadratmeter große Firmengelände samt Gebäuden zurückgegeben.

Sofort begannen wir mit Instandsetzung und Sanierung der Fabrikhallen und des Herrenhauses. In meiner zehnjährigen Abwesenheit hatte sich das Firmengelände weitgehend an das Erscheinungsbild aller anderen VEB angeglichen. Das Volkseigentum verfiel. Überall lagen Schutt und verrottete Maschinenteile. Die Unordnung war zum Haareraufen. Die Belegschaft sank von 180 auf 65 Leute. Dabei darf man natürlich nicht vergessen, daß wir auch viele Handwerker beschäftigten. Die Idee des „Rationalisierungsmitteleigenbaus" - ein Name, den sich nur die Genossen haben ausdenken können - fiel weg. Bis zur Wende bauten wir sogar unsere eigenen Etikettiermaschinen. Für einen Unternehmer aus dem Westen eine schier unglaubliche Vorstellung. Die Entlassungen in unserem Betrieb waren also nicht so dramatisch, wie es die nackten Zahlen auf den ersten Blick glauben lassen. Der Großteil der Entlassenen waren Handwerker, die in ihren eigentlichen Beruf als Schlosser, Tischler, Maurer, Maler oder Elektriker zurückkehrten.

Schon im April 1990, kurz nachdem ich den

Antrag auf Reprivatisierung gestellt hatte und die Perspektivpläne vorlagen, fragte ich mich: „Was wird aus der Firma, wenn du abtrittst?“ Ich sah meine Aufgabe nur darin, mir mein Land wieder zueignen zu lassen und den Betrieb in ein ruhigeres Fahrwasser zu lenken. Doch was kam danach? Ende 1990 machte ich meinem Schwiegersohn das Angebot, als mein Nachfolger in den Betrieb einzusteigen.

Peter Mier hatte meine ältere Tochter Elke schon 1961 geheiratet. Gemeinsam waren sie zu Beginn des Mauerbaus in den Westen geflüchtet. Doch was konnte ich ihm bieten? Nichts! Die Kredite waren nicht gesichert, die Eigentumsverhältnisse damals noch ungeklärt. Peter hatte es mittlerweile bis in die Chefetage eines großen mittelständischen Unternehmens bei Stuttgart gebracht. Er hatte eine Bombenstellung und ein dementsprechend ordentliches Gehalt. Unsere Abmachung war folgende: Wenn ich Vertriebs-, Eigentums- und Finanzverhältnisse geklärt, also den Fortbestand der Firma gesichert hätte, würde er als mein Nachfolger in den Betrieb einsteigen. Anfang des Jahres 1992 war es soweit. Bereits am ersten August übernahm Peter Mier die Geschicke der Schilkin GmbH & Co. KG Berlin.

Der Umstand, daß ab sofort ein Wessi bei uns das Zepter schwang, fiel bei der Belegschaft nicht weiter ins Gewicht. Bereits ein halbes Jahr vor der Übernahme ließ sich mein Schwiegersohn in die Materie einarbeiten. Die Leute kannten und akzeptierten ihn als meinen designierten Nachfolger. Es kommt eben nicht darauf an, den anderen zu belehren, sondern sich gegenseitig die eigenen Ansichten klarzumachen. Peter Mier meisterte diese Aufgabe bravourös. Er war nicht der Eroberer aus dem Westen, sondern einer, der sich erfolgreich in die bestehenden Strukturen einfügte.

Natürlich schaute ich stets auf die wirtschaftliche Entwicklung Rußlands. Auch dort war ein Großteil des Marktes praktisch über Nacht weggebrochen. Die Russen suchten krampfhaft nach zahlungskräftigen Investoren aus dem Ausland. Durch meinen alten Freund Prof. Dr. Langhoff, einst Leiter des wissenschaftlichen Gerätebaus an der Akademie der Wissenschaften, war ich bestens informiert. Langhoff, der zu DDR-Zeiten fast 6.000 Mitarbeiter unter sich hatte, konnte sich schon lange seiner engen Beziehungen zur damaligen Sowjetunion rühmen. So besaß er auch gute Verbindungen zu seinem Pendent in Moskau und St. Petersburg. Der wiederum nannte den Chef der russischen Weinfabrik Dagwino, Sergei Safaraliew, seinen Freund. Safaraliew war wie alle für einen Betrieb und damit für Arbeitsplätze Verantwortlichen dazu geneigt, sein Unternehmen mit einer Westfirma zu verknüpfen. Gemeinschaftsunternehmen hieß das große Zauberwort. Über Prof. Dr. Langhoff wandte sich Safaraliew schließlich auch an mich. Schon im März 1992 flog ich wieder nach St. Petersburg. Nicht ohne mir die eindringliche Warnung meiner Frau gründlich zu Herzen zu nehmen: „Laß´ Dich nicht unter den Tisch trinken!" Erna kann eben einfach bezaubernd sein.

Am Flughafen wurde ich von Safaraliew empfangen. Er war Mitte fünfzig, hatte schütteres graues Haar und machte sofort einen sehr angenehmen Eindruck auf mich. „Wir wollen heute nicht über Geschäfte reden", sagte Safaraliew. „Der heutige Abend sollte einfach dazu dienen, uns näher kennenzulernen!" Ich hegte die schlimmsten Befürchtungen. Ging jetzt das Trinken los? Nur einige Stunden später erkannte ich, was mir diesen Mann so sympathisch machte. Erstens: unser gemeinsamer Vorname. Daß auch ich Sergei hieß, schien Safaraliew sehr zu gefallen. Zweitens: Der Chef von Dagwino trank nur Wein mit Mineralwasser. Der große Umtrunk fiel also weg.

Am Abend wurden wir dann zum großen Diner geladen. Es war ein bombastischer Empfang. Echt russisch eben. Es gab Sakuska und Kaviar, marinierte Fische, verschiedene Suppen und Braten. Wir aßen wie die Fürsten. Und nicht einmal wurde übers Geschäft geredet. Im Gegenteil, wir unterhielten uns über unsere Familien und über unser Leben. Safaraliew empfand es, wie er mir später sagte, als sehr angenehm, mit ehemaligen DDR-Leuten zu tun zu haben. Wir kannten die Mentalität der Russen ganz einfach besser. Schon vorher hatten Westdeutsche, Italiener und Amerikaner ihr Interesse bekundet, mit Dagwino ein Gemeinschaftsunternehmen zu gründen. Doch die, so sagte wenigstens Safaraliew, hatten sich so großkotzig und überheblich benommen, daß die Russen von ihnen schon bald die Nase voll hatten. Doch die wirtschaftlichen Interessen drückten. Kein Wunder also, daß Safaraliew froh darüber war, einen neuen Geschäftspartner gefunden zu haben. Daß dieser auch noch ein ehemaliger Ostler war, machte die Sache für uns beide nur noch einfacher. Ich legte keinen Wert darauf, das Zepter zu schwingen und den Russen ins Handwerk zu pfuschen. Sie sollten die Leitung von Dagwino behalten. Alles konnte so weiterlaufen wie bisher. Ein Umstand, der mich von den anderen Interessenten unterschied und den Safaraliew zu honorieren wußte. Das alles wurde uns während des Festessens schnell klar. Die Fronten waren geklärt.

Am nächsten Tag zeigte mir Safaraliew das Objekt der Begierde. Die Weinfabrik von Dagwino in Obuchowa, einem Stadtteil von St. Petersburg. Es war niedlich, wie mich mein Namensvetter Sergei auf den Rundgang durch das Fabrikgelände vorbereitete. „Ich bitte Sie um eines: Stellen Sie keine Fragen! Ich zeige Ihnen alles und danach reden wir." Diesen Hinweis nahm ich dankend auf, denn ich wußte nicht im entferntesten, was mich da erwartete. Kurz gesagt: Ich fiel fast in Ohnmacht ob der gewaltigen Ausmaße des Dagwino-Areals. Vor mir lag ein 60.000 Quadratmeter großes Gelände. Die Fabrik besaß einen eigenen Gleisanschluß und einen eigenen Kai am nahegelegenen Hafen von Kronstadt. Damit hatte ich nicht gerechnet. Für einen Mittelständler wie mich war dieses Projekt zwanzig Nummern zu groß. Ich war wie erschlagen und Safaraliew amüsierte sich wahrscheinlich köstlich.

Unsere Verhandlungen nach dem Rundgang gingen schnell und waren einfach. Safaraliew schwang das Zepter: „Wir beide übernehmen die Fabrik. Fifty-fifty. Land und Gebäude müssen nur noch überschrieben werden. Einverstanden?" Ich wunderte mich, daß mir Safaraliew den gleichen Anteil an der Firma zubilligte, den auch er hielt. Meist hielten die Russen beim Joint Venture wenigstens 51 Prozent, um die Geschicke „ihrer" Firma auch weiterhin bestimmen zu können. Noch während ich mich wunderte, schlug ich ein. Das Geschäft war perfekt.

Dagwino wurde etwa um das Jahr 1923 als Unternehmensteil der Winzergenossenschaft in Dagestan gegründet. Die Berghänge Dagestans, damals eine autonome Sowjetrepublik, heute zwar unabhängig, aber an Rußland angegliedert, sind wie geschaffen für den Weinanbau. 1,5 Millionen Einwohner verteilen sich auf das knapp 50.000 Quadratkilometer große Land am Kaspischen Meer. Schon 1923 schickten die Winzer ihren Wein nach St. Petersburg, wo er vergoren, abgefüllt und schließlich auch verkauft wurde. Ein ehemaliges Mädchenstift der Kirche am Newski Prospekt 170 wurde nach der Revolution zum Stammwerk umfunktioniert. Auch da zeigt sich wieder, was wir auch heute noch der Kirche zu verdanken haben. Schon während der Zarenzeit wurden die Räume des russisch-orthodoxen Mädchenstifts so konzipiert, daß im Keller mühelos ein Weinlager eingerichtet werden konnte. Warum auch nicht? Die Würdenträger mußten schließlich so vielen weltlichen Genüssen entsagen. Vielleicht haben wir der Kirche deshalb so manche kulinarische Köstlichkeit zu verdanken. Es gab ja sonst nichts, dem man sich hätte hingeben können, als einem guten Wein und einem köstlichen Mahl. Dagwino jedenfalls übernahm diesen Keller und ließ in ihm den dagestanischen Wein reifen. Im Laufe der Zeit entwickelte sich Dagwino zu einem der wichtigsten und größten Weinhersteller der damaligen Sowjetunion. Im Rahmen der Entwicklungsplanung wurden die Weinberge Dagestans großzügig erweitert. Die entstandenen riesigen Mengen Wein sollten in eben dem Werk verarbeitet werden, an dem ich nun beteiligt bin. In Obuchowa entstand also ein Werkskomplex riesigen Ausmaßes. Ausgestattet mit modernsten Anlagen, wie Wasseraufbereitung, Elektrizität und Gleisanschluß, wurde die Fabrik 1983 fertiggestellt. Das heißt, fast. Was fehlte, waren moderne Abfüllanlagen. Dann konnte die Produktion beginnen. Alles wartete auf den Startschuß. Allein, er kam nicht. Denn im selben Jahr beschloß Michail Gorbatschow, Alkohol sei Gift für die Bevölkerung. Per Dekret verfügte er den sofortigen Stop aller Projekte. Die Ausmaße dieser, Gorbatschows, Entscheidung waren verheerend. Man kann sogar sagen, die Russen erlebten eine kleine Kulturrevolution. Die neuangelegten Weinstöcke in Dagestan, gerade mal zwei bis drei Jahre alt, wurden auf staatliche Anordnung aus dem Boden gerissen und verbrannt. Moderne Bewässerungsanlagen fielen übereifrigen Parteifunktionären zum Opfer. Glashütten, zuständig für die Flaschenherstellung, wurden einfach stillgelegt. Folge: Die russische Spirituosenindustrie verfügt heute weder über Flaschen noch über Sprit. Ein riesiges, finanziell arg gebeuteltes Land ist heute auf Rohstoffe aus dem Ausland angewiesen. Hat man Michail Gorbatschow schon einmal mit diesem Wirtschaftsverbrechen konfrontiert?

Vor diesem Hintergrund ist es nur allzugut zu verstehen, daß gerade die Spirituosenindustrie auf die Gründung von Gemeinschaftsunternehmen angewiesen ist. Doch was hatte ich davon? Ganz einfach: Ich besaß zur Hälfte einen der größten St. Petersburger Betriebe. Das Werk in Obuchowa war allerdings in einem jämmerlichen Zustand. Neun Jahre war es stillgelegt. Neun Jahre, in denen sich niemand um das Gelände gekümmert hatte. Nun wollten wir es also in Betrieb nehmen und seiner eigentlichen Bestimmung übergeben. Das gesamte Gebäude wurde renoviert und neu ausgestattet.

Das Erdgeschoß eines fünfstöckigen Wohnhauses am Newski Prospekt beschlossen wir, in ein Magazin und ein Café umzuwandeln. Die gesamte untere Etage des riesigen Mietshauses wurde großzügig ausgebaut und neu eingerichtet. Ich stellte mir schon vor, wie sich die jungen St. Petersburger bei uns verabredeten, um in einem Café, in dem das Flair des Westens herrschte, einen Plausch bei sto Gramm zu halten. Also beschaffte ich die Einrichtung, wie sie in exklusiven Westberliner Geschäften zu sehen ist und ließ sie zusammen mit vielen verschiedenen Glasvitrinen, die aneinandergereiht eine Länge von etwa 220 Metern ergeben hätten, aus Berlin einfliegen. Das verlieh unserem Café einen Hauch westlicher Gediegenheit.

Im großen und ganzen jedoch ist diese Investition für mich brotlos geblieben. Kein Wunder, ein solches Projekt kostet immer mehr Geld als am Ende dabei herausspringt. Andererseits ist es ein tolles Gefühl, den Russen beim Aufbau ihrer Stadt und ihrer Wirtschaft behilflich sein zu können. Ich bin überzeugt, Rußland wird sich für den richtigen Weg, den Aufbau der Wirtschaft nach westlichem Vorbild, entscheiden. Boris Jelzin, Präsident der Russischen Förderation, hat ihn bereits eingeschlagen. Er marschiert langsam und vorsichtig, aber er marschiert. Noch ist kein Grund und Boden in Privathand, noch sind die politischen und wirtschaftlichen Verhältnisse des Riesenreiches verworren, aber die Russen selbst, davon bin ich überzeugt, wollen das totalitäre Sowjetregime nicht neu erstarkt sehen. Stände ich noch einmal vor der Entscheidung, in Rußland zu investieren, ich würde das gleiche wieder tun.

Wandlungen

Mit der politischen Wende in Rußland und meinem Engagement für Dagwino änderte sich auch das Verhältnis meiner Familie zu St. Petersurg, ja zu den Russen überhaupt. Meine beidenTöchter hatten bis dahin eine offene Aversion gegen die Sowjetunion gehegt. Russen setzten sie mit Bolschewiken gleich. Eine Sichtweise, die ich durch die antikommunistische Erziehung durch meine Eltern wenigstens in meiner Jugendzeit teilte. Meine Versuche, ihnen die russische Sprache näherzubringen, erwiesen sich als hoffnungslos. „Hör auf mit dem Quatsch“, waren noch die harmlosesten Abfuhren, die ich für meine Bemühungen einstecken mußte. Doch schlagartig änderten sie ihre Meinung. Elke, die ich auf eine meiner Reisen nach St. Petersburg mitnahm, war von der Stadt und ihren Menschen plötzlich sichtlich beeindruckt. Besonders tief mußte sich ihr jedoch eines in die Seele gegraben haben: Die Russen, mit denen wir es auf unserer Reise zu tun hatten, redeten sie nicht mit ihrem deutschen Namen Elke, sondern mit ihrem russischen Zweitnamen Ekaterina an. Ekaterina Sergeiewna, meine Tochter, wurde von den Russen mit einer Herzlichkeit behandelt, die man nur seinesgleichen entgegenbringt. Schlagartig und auf äußerst angenehme Weise wurde sie mit dem russischen Blut, das auch in ihren Adern fließt, konfrontiert. Es ist eben ein Unterschied von seiner russischen Abstammung nur zu wissen, als sie auch in tiefster Seele zu erfahren. Mittlerweile versteht Elke schon mehr russisch als mir manchmal lieb ist; kommt sie auf Besuch in unser Biesdorfer Haus, wünscht sie sich stets russische Gerichte, die meine Frau auf hervorragende Weise zuzubereiten versteht.

Ich selbst habe, obwohl ich mich stets als Deutscher fühlte, ein besonders inniges Verhältnis zur russischen Kunst und Kultur. Mag sein, daß man seine Herkunft und damit sein Interesse für das Leben der eigenen Vorfahren nie ganz verleugnen kann. Nationalgefühle, ob man sie wünscht oder nicht, werden dabei immer eine Rolle spielen. Die Romane eines Puschkin oder Dostojewski berühren mich in ganz besonderer Weise. Auch Tschaikowski wird weiter einer meiner Lieblingskomponisten bleiben. Besonderen Anteil an meiner Wertschätzung für ihn hat seine 1880 komponierte Ouvertüre „Das Jahr 1812“ mit der stets wiederkehrenden Zarenhymne als musikalischem Motiv. Thema ist hier der Befreiungskampf des russischen Volkes gegen die napoleonischen Eroberer: „Gott erhalte den Zaren“.

Nun stand ich mit Sergei Nurmedowitsch Safaraliew vor der Wahl, wie unser Café denn nun zu heißen hätte. Wir beide setzten uns mit den St. Petersburger Führungskräften von Dagwino an einen Tisch und beratschlagten. Ich muß gestehen, wir waren alle nicht sehr kreativ. Wir Männer hatten wahrscheinlich die schwachsinnigsten Ideen. Einer von uns machte den Vorschlag, das Café solle doch „Café Berlin“ heißen. Ein anderer entschied sich für „Café International“. „Alles zu großkotzig“, warf eine Mitarbeiterin ein. „Wo bleibt denn da das private Flair?“ Uns fiel und fiel nichts ein. Schließlich setzte ich der allgemeinen Ratlosigkeit die Krone auf. „Warum nennen wir es nicht, Café Dagestan'?" „Sind Sie von Sinnen? Wer weiß, ob Dagestan in ein paar Jahren noch zu Rußland gehört. Wenn die aus der Föderation ausscheiden, werden wir von den Leuten gesteinigt", wies mich Safaraliew zurecht. Das stimmte. Die Uhren gingen hier eben anders. Plötzlich, wir hatten schon nicht mehr daran geglaubt, hatte eine der Frauen die zündende Idee. „Ich hab`s", schrie sie plötzlich in die aufkommende Lethargie. „Wir nennen uns „U SERGEJA"! Bei Sergei. Sie beide heißen so", zeigte sie auf mich und Safaraliew, „außerdem hat der Name etwas Gemütliches, Bodenständiges." Ich war begeistert. Das war`s. Schon stellte ich mir vor, wie sich die Leute bei Sergei verabreden würden. Eine tolle Idee.

Es klappte. Vor allem die jungen Menschen stehen vor unserem Hause Schlange. Und alles nur, um bei Sergei einen Kaffee oder Wodka zu trinken. Man müßte der Frau einen Orden verleihen.

Zunächst überraschte uns „U SERGEJA" und das angrenzende Magazin jedoch auf eine ganz andere Weise. Neben der Erstausstattung, welche wir aus Kaulsdorf nach St. Petersburg einfliegen ließen, schickten wir natürlich auch Kleinigkeiten wie Verpackungen und Tüten mit dem Schilkinschen Werbeemblem.

Nun ist ja zumindest den Ostdeutschen bekannt, welche Wirkung eine „Westtüte" zu Zeiten des geteilten Deutschlands auf die Mitmenschen hatte. So eine Tüte war ein Statussymbol. Die Kinder benutzten sie als Schulmappe - obwohl das offiziell verboten war, aber man konnte sie ja umkrempeln, bis die Werbung nicht mehr zu sehen war - und Mütter trugen in ihnen die Wurst und den Käse spazieren. Kurz, so eine Tüte signalisierte: „Ich habe Kontakte." Es hört sich heute unsinnig an, aber - seien wir mal ehrlich - es war so.

Genau das gleiche passierte nun auch in St. Petersburg. Die Leute kamen ins Magazin am Newski-Prospekt und kauften nicht etwa Wodka, nein, sie verlangten die Tüten. Es war wunderbar, wir schickten zigtausend Tüten mit dem Schilkinwappen und der Abbildung einer Serschin-Wodka-Flasche nach Rußland. Zigtausend - es ist unvorstellbar. Die Leute kauften, als ginge es um ihr Leben. 50 Rubel das Stück. Halb St. Petersburg lief plötzlich mit Schilkin-Beuteln durch die Gegend. Ihre Werbewirkung war enorm.

Nicht, daß die Zaren noch immer einen bedeutenden politischen Einfluß auf die Russen ausüben würden, man verehrt heute die Generäle der Befreiungskriege gegen Napoleon (einer unserer Wodkasorten heißt übrigens Kutusow), aber das Geschlecht der Romanows hat für viele nichts an historischer Bedeutung verloren.

Werbetrick für ein Nobelpräsent: Feinkost - Käfer und ich bei der Vorstellung unseres Zarenwodkas

Promibesuch in Kaulsdorf: Eberhard Diepgen (Regierender Bürgermeister von Berlin), Peter Mier (Geschäftsführer unseres Unternehmens), ich und Bernd Mahlke (Bezirksbürgermeister von Hellersdorf). v. l. n. r.

Zwiebelturm und Kaviar

Am 10. Februar 1994 hatten wir unseren großen Tag. Wir warfen unseren Zarenwodka auf den bundes-deutschen Markt. Er sollte das Prunkstück unserer Produktion sein. Direkt in St. Petersburg unter Verwendung finnischen Quellwassers hergestellt, ist er der König unter den russischen Wässerchen und das Aushängeschild unserer Firma. Zur Präsentation des Zarenwodkas scheuten wir weder Geld noch Mühe. Das Beste war gerade gut genug. Das Beste gab es in München beim Feinkost-König Käfer. Der legte sich dann auch mächtig ins Zeug. Ich kann mit Fug und Recht sagen, das, was Käfer für uns auf die Beine stellte, ließ mich weiche Knie bekommen. Der gesamte Raum - wir empfingen schließlich die gesamte bundesdeutsche Presse - war wie ein Eispalast hergerichtet. Schneeimitationen zierten die Tische, weiße Wolken die Decke, blaue Eisblumen fielen von diesem Himmel - so starr und kalt als wäre es echt. Ich entdeckte Zeichnungen typisch russischer Zwiebeltürme, romantische Winterlandschaften und den unumgänglichen Pferdeschlitten an der Decke. Alles schien trotz des Prunks und der Pracht so unaufdringlich, daß man meinte, man befände sich in einer riesigen Schneehöhle. Die Fenster waren mit Eisklumpen zugefroren. Ich zitterte fast vor Erregung. So etwas hatte ich noch nie gesehen. Doch etwas ganz anderes bescherte mir fast einen Tobsuchtsanfall. Peter Mier, mein Schwiegersohn, hatte mich gedrängt, den Zarenteppich, den meine Eltern vor den Bolschewiken retteten und nach Deutschland schmuggelten, doch endlich einer breiten Öffentlichkeit vorzustellen. Auf Anraten meiner Frau hatte ich darauf verzichtet. Es war einfach zu gefährlich. Doch als ich mich umsah, noch ganz befangen von dem, was Käfer für uns hingezaubert hatte, sah ich meinen Teppich, das Prunkstück meiner Familie, das Andenken meiner Eltern an Rußland, an der Wand des Eispalastes hängen. Ich fühlte ungestümen Ärger aufsteigen. Aber, hatte ich den Teppich nicht gestern noch gesehen? Unmöglich, er mußte im Safe sein. Wer hatte ihn ohne mein Wissen nach München gebracht? Langsam schritt ich auf die Wand zu, an dem das gute Stück hing. Schon war ich auf zwei Meter herangekommen. Ich streckte die Hand aus, um ihn zu berühren. Vorsichtig faßten meine Hände nach den Fransen, mit denen das Familienerbstück verziert war. Ich fühlte den derben alten Stoff auf meiner Haut. Das heißt, ich fühlte ihn nicht. Ich strich behutsam über die glatte Oberfläche von Fotopapier. Man hatte den Teppich fotografieren lassen. Jedoch so, daß man den Unterschied zwischen dem echten Teppich und einer Fotografie beim besten Willen erst auf den dritten Blick erkennen konnte. Ich war perplex. Der Fotograf, der dies gemacht hatte, war ein Meister seines Fachs.

Doch nicht nur für Atmosphäre hatte Käfer gesorgt, es folgte der Clou des Abends: ein außerordentliches Menü. Zuerst wurde unser Zarenwodka serviert. Das war echt russische Sitte. Erst ordentlich anheizen und dann langsam nachlegen. Es folgte gelierter Borstsch mit Kaviar - und wieder sto Gramm. Als Glas diente diesmal eine ausgehöhlte Kartoffel. Nach Kartoffelschnee mit Kaviar, der Lachs-Kaviar-Terrine auf Basilikumsauce, Rinder-Tatar und Kaviar, Rösti mit Kaviar,

Kalbs-Carpaccio mit Kaviar und einer Zander-Roulade mit Sauce Moscovite, folgte - sozusagen als krönender Abschluß - ein Tomaten-Basilikum-Sorbet mit ...? Natürlich mit Kaviar! Die Journalisten amüsierten sich köstlich. Unser Vorteil: Daß es einen Zarenwodka der Firma Schilkin gab, der dazu noch in St. Petersburg destilliert wurde, stand am Tage darauf in jeder Gazette. Daß der Wodka streng nach dem Original-Rezept für die Zarenfamilie destilliert wurde, wußte jeder, der tags darauf die Zeitung gelesen hatte. Unser Nobelpräsent, die Wodka-Kiste - überzogen mit tiefblauem samtenen Stoff - und die große Flasche mit dem Zwiebelturmverschluß war bald in aller Munde. Der interessierte Leser erfuhr von dem russischen Kochbuch, das unser Präsent enthielt, von Johanniskraut und Liebstöckel, von Petersilienwurzel und Koriander, von Eichenrinde und Pappelknospen, welche der Kiste mit einem kleinen Kochbuch beigelegt waren, um original russisch zu kochen, und: Die Präsentation kam uns entscheidend billiger, als geschaltete Anzeigen in großen Illustrierten.

Fortan lief das Geschäft. Der Zarenwodka ist das Aushängeschild unserer Firma - eine Art Statussymbol für den, der etwas auf sich hält. Er ist der teure Mercedes oder Porsche. In jeder Beziehung. Ob bei Qualität oder Preis. Publicity ist eben alles!

Was soll ich sagen, manchmal ist die Welt eben ungerecht. Richtige Werbung kann eben nur einer machen, der Geld hat. Der, der die Werbung jedoch dringend braucht, hat meist kein Geld. Ein Teufelskreis. Es sei denn, man ist clever!

Fallen und Geschenke

Natürlich ergeben sich aus meiner Vergangenheit Dinge, die mir und anderen von Nutzen sind, aber auch lästige Herumbalgereien mit Leuten, die mir wegen meines Erfolges einen Strick drehen wollen. Wahrscheinlich gehört beides zusammen, ist untrennbar miteinander verbunden. Zwei Beispiele fallen mir, um diese abstrakte Weisheit zu verdeutlichen, dabei als erstes ein.

Das eine sind die aus den Fingern gesogenen Mutmaßungen über meine Person. Im Zuge eines Streites um ein Grundstück, das ich seit langem besitze und auf das eine Erbengemeinschaft aus dem Westen Deutschlands nun Anspruch erhebt, erreichte mich ein Anwaltsschreiben. In ihm heißt es: „Unserer Mandantschaft ist ferner bekannt, daß Ihr Auftraggeber zu DDR-Zeiten Direktor einer Spirituosenfabrik war und hier sehr gute Beziehungen zu höchsten SED-Kreisen bestanden. Ihr Mandant (also ich) soll ein Jagdfreund von Honecker gewesen sein. Auch hier wäre gegebenenfalls zu prüfen, inwieweit Ihr Auftraggeber (wieder ich) redlich im Sinne des Vermögensgesetzes war. Der Erwerb eines Grundstückes dieser Größe läßt jedenfalls durchaus die Vermutung zu, daß hier Beziehungen eine nicht unerhebliche Rolle gespielt haben."

Daß ich ein Jagdfreund Honeckers gewesen sein soll, ist mir, wie meine Beziehungen zu allerhöchsten

Parteikreisen, allerdings gänzlich neu. Nicht, daß es mich sonderlich interessieren würde, wer warum auf diese Gerüchte kommt, aber es zeigt mir doch eines: Zwischen West- und Ostdeutschen wird nach wie vor mit zweierlei Maß gemessen. Diskussionen um Kungelei mit dem Staat werden zur Farce. Nicht nur, daß viele der - damals wie heute - erfolgreichen Ostdeutschen mit Stasi-Schergen gleichgesetzt werden (wie hätten sie sonst Erfolg haben können), sie werden auch gleichzeitig zu Busenfreunden der SED-Parteienriege. So wie Karrieristen zu DDR-Zeiten die Stasikarte für den Fortgang ihrer berufliche Laufbahn ausspielten, so spielen auch heute wieder Karrieristen diese Karte, um ihre ostdeutschen Konkurrenten auszuhebeln. Gibt es so gar keine Angriffsfläche, um den Ungeliebten im Kampf um den Platz an der Sonne ernsthaft schaden zu können, bleibt immer noch der Gang zur Gauck-Behörde. Es wäre ja gelacht, wenn sich da nicht irgendwas fände.

Es ist an der Zeit, die wahren Täter zu entlarven. Das kann nur durch ausschließlich strafrechtliche Verfolgung nach DDR-Gesetzen geschehen. Diejenigen Personen haben Buße zu tun, die bewußt geltendes DDR-Recht überschritten haben. Wer wirft einem Westdeutschen schon seine Arbeit beim BND vor? Eines sollten diejenigen, welche die Stasikarte heute als Trumpf benutzen, bedenken: Hätten die Russen auch die Bundesrepublik besetzt, hätten die, welche heute unbarmherzig richten, wahrscheinlich ebenso gehandelt, wie manche Ostdeutsche es nunmal getan haben. Hätten die Russen ganz Deutschland besetzt, hätte es zwischen beiden - Westlern wie Ostlern - keine Unterschiede mehr gegeben. Wir hätten beide nicht gewußt, wohin wir flüchten sollten.

Der Vorteil meiner Vergangenheit ist das Glück, meinem Kaulsdorf, dem Ortsteil Berlins, mit dem ich am meisten verwurzelt bin, etwas zurückgeben zu können. Etwas, daß sichtbar ist und hoffentlich immer bleiben wird. Im Juli 1994 erfüllte ich mir diesen Traum. Er mündete in der Gründung einer SCHILKIN-STIFTUNG.

Natur-, Landschafts- und Denkmalschutz sind einige der wichtigsten Aufgaben, mit denen sich die Menschen des neuen Zeitalters beschäftigen müssen. Den Naturschutz, um auch unseren Enkeln eine ihnen würdige, lebenswerte Welt zu hinterlassen, den Landschaftsschutz, um die wenigen erhaltengebliebenen Landstriche zu bewahren und den Denkmalschutz, um der Erinnerung an einstmals Geschaffenes willen. Genau diesen Zielen widmet sich unsere Stiftung. 250.000 Mark wurden 1994 von meiner Frau und mir als Gründungskapital zur Verfügung gestellt. Besonders das Wuhletal und der ehemalige Gutspark, das heutige Schilkin-Wäldchen, übrigens noch immer Zuflucht für Rehe, Fasane und seltene Tiere, sollen damit erhalten werden. In der Stiftung wird nach dem Tode meiner Frau und mir 20 Prozent des geamten Erbes unseres Betriebes, also Einlagen und erwirtschafteter Gewinn, in die Erhaltung Kaulsdorfs fließen; zunächst etwa 200.000 bis 400.000 Mark jährlich. Das wird meine Liebeserklärung an einen Teil Berlins mitsamt seinen Menschen sein. Ich bin froh, für Kaulsdorf, mit dem ich seit meinem 16. Lebensjahr tiefe Erinnerungen verbinde, auch über meinen Tod hinaus etwas nützliches tun zu können. Der Traum meiner Frau und mir bleibt dabei der Wiederaufbau des alten Turmes unserer Kaulsdorfer Kirche. Ich hoffe, er wird einmal erfüllt.

Was sind schon Systeme

Ich als Zeitzeuge, als jemand, der gewissermaßen unter Zarenadler, Faschismus, Kommunismus und Kapitalismus gelebt und gelitten hat, werde oft gefragt: „Was kommt danach?“, „Was bringt uns die Zukunft?“ Oft werde ich aufgrund meines Alters als der weise Marabu gesehen. Man bringt mir Hochachtung und Respekt entgegen, aber auf diese Fragen gibt es keine Antwort. Was sind schon Systeme? Sie gleichen sich in ihrem Inhalt, lediglich ihre Struktur und die Verpackung wandelt und verändert sich. Ist die Welt schlechter geworden, so wie es die Alten oft glauben machen wollen? Sie ist es nicht. Ich bin ein Mann der Mitte und handle danach. Es gibt einen Satz: „Kippt das Boot nach rechts, setzt man sich nach links, damit es stabil bleibt. Oder eben umgedreht.“ Es gab schon immer Revoluzzer. Von Rechts wie von Links. Doch sowohl der Hang zum Autoritären, als auch zu allzugroßer Freizügigkeit stört die Balance eines Systems und läßt Unordnung aufkommen. Die Menschen, jedenfalls die meisten, haben das inzwischen begriffen.

Ist die Vergangenheit damit unnütz verschwendete Zeit? Beileibe nicht. Sie hat uns Fehler erkennen lassen, sie hat uns die Grenzen des Menschseins aufgezeigt. Der Preis waren die Toten der Weltkriege, das Leben in totalitären Regimen und letztendlich der Verlust vieler unserer Ideale. Nehmen wir nur den Kommunismus. Die Wirklichkeit dieser Gesellschaftsform als solche schien vielen von uns eine lohnende und erstrebenswerte Sache, aber sie blieb Utopie. Warum sollte die soziale Gerechtigkeit, die Gleichheit aller auch nur ein Traum bleiben? Der Kommunismus blieb die Erfüllung dieses Traumes schuldig. Die Wirklichkeit unterschied sich von den Thesen der revolutionären Denker wie Marx und Engels. Und was ist der Grund dafür? Allein der Mensch. Wenn der Mensch als Individuum, eingekettet in ein jeweiliges System, eine Machtbefugnis erhält, wird er sich zwar als Vollstrecker des Volkswillens darstellen, die ihm gegebene Macht jedoch mit allen Mitteln verteidigen, um unantastbar für andere sein eigenes Schäfchen ins trokkene zu bringen. Das liegt in der Natur des Menschen, von einigen wenigen Idealisten und Märtyrern einmal abgesehen. Ist der Traum von Gleichheit in welchem System auch immer damit ausgeträumt? Nicht ganz. Wer auf den Kommunismus in wahrer und ehrlicher Struktur hofft, dem kann ich nur sagen, es würde ein adäquater, ein Kommunismus der zweiten Auflage sein. Das Rad der Geschichte ist nicht zurückzudrehen. Es wird auch in Zukunft nichts existieren, was dieser Utopie nahe oder ähnlich sein wird. Zu groß war die Enttäuschung, zu verheerend die Folgen eines Unrechtsregimes. Stattdessen wünsche ich den folgenden Generationen eine liberalere Gesellschaft, eine Gesellschaft, in der die Rechte und Freiheiten des einzelnen anerkannt und geachtet werden. An der für manche fragwürdigen Verbindung zwischen Macht und Geld darf und soll wenigstens in unternehmerischer Hinsicht auch nicht gerüttelt werden. Gerade die Regeln in einem Unternehmen lassen sich in vielerlei Hinsicht auf das Miteinander in der Gesellschaft übertragen. In schwierigen Situationen gilt es, sich der jeweilig herrschenden Struktur, sei es der Unternehmensstruktur als auch der Gesellschaftsstruktur unterzuordnen ohne dabei seine Persönlichkeit, seine Ziele und Träume zu verlieren. Das klingt schwierig, ist jedoch eine der großen Bestimmungen, für die Menschen ausersehen sind; sei es von der Natur, von Gott oder sonst einer Kraft oder Vorsehung, an die Menschen glauben mögen. Möglich wird diese Bestimmung allerdings nur aus uns selbst. Es ist die Entwicklung, das Auf und Ab, das Niestillstehende, was uns diese Aufgabe auferlegt. Was birgt das für Gefahren? Nun, in einem stimme ich vielen der Jüngeren zu. Ihre Sorge und ihre Hoffnung drückten sich gleichermaßen in einem Satz aus: „So kann es nicht weitergehen!“ Recht haben sie, wird doch die Kluft zwischen arm und reich in der Welt und wohl auch bald in Deutschland immer größer und besorgniserregender, wird das Recht auf Leben eines jeden Menschen immer mehr in Frage gestellt. Als Ausweg wird vielfach eine völlig neue Gesellschaftsform gesucht, es wird Idealen nachgehangen, es werden leere Worte gedroschen, aber alle meinen nur eines: Der soziale Gedanke, dessen Anhänger ich spätestens seit Ende des zweiten Weltkrieges bin, muß in Zukunft mehr denn je im Vordergrund stehen. Ein sozialer Gedanke, der den Kapitalismus und damit den Profit als scheinbar einzig funktionierende Gesellschaftsordnung nicht negiert. Ich möchte es wie ein Unternehmer, der ich nunmal bin, formulieren: Bleibt der Gewinn eines Betriebes in der Firma, kann darauf aufgebaut werden, gibt es jedoch einen Unternehmer, der die gescheffelten Millionen seinen Arbeitnehmern vorenthält und in die eigene Tasche wirtschaftet, ist seine Firma und das Wohlergehen seiner

Bediensteten dem schleichenden Untergang geweiht. Die Schuld an der derzeitigen Misere, dem Auseinanderklaffen der Lebensbedingungen, gebe ich dabei sowohl den Wirtschaftsbossen als auch den Arbeitnehmern. Warum sollte die Belegschaft eines Betriebes nicht am Ertrag ihrer Arbeit beteiligt werden? Warum sollten die Angestellten in schwierigen Zeiten den Gürtel nicht enger schnallen können? Ein bekannter Wirtschaftsjournalist sagte einmal: „Es gibt kaum jemand, der sich sein Geld wirklich verdient." Ein anderer, mir nicht fremder Satz lautet: „Die Bundesrepublik ist das reichste Armenhaus Europas". Besieht man sich die Arbeitslosenstatistiken, entbehrt das nicht der Wahrheit. Noch ist die Bundesrepublik ein Land mit einer starken Mittelschicht, doch schauen wir nur über unsere Grenzen hinweg, müssen wir das rasend schnelle Auseinanderdriften gesellschaftlicher Klassen mit, geben wir es zu, nicht allzugroßer Überraschung zur Kenntnis nehmen. Was ist zu tun? Ausgehend von der Frage, welche Gesellschafts- oder Regierungsform für unser Land denn nun am besten sei, drängt sich mir vor allem eine Erkenntnis auf: Die bestehende Macht der politischen Parteien ist nicht der Weisheit letzter Schluß. Kann es denn ein vernünftiges Anliegen der Volksparteien sein, sich durch taktische Schachzüge wie Koalitionen und Zweitstimmenhatz an der Macht zu halten? Wohl kaum. Eines Tages wird auch diese Parteiendemokratie überlebt sein. Mit Recht, denn was wir - auch heute schon - brauchen, ist eine Regierung, bestehend aus Fachleuten. Nicht das Parteibuch qualifiziert für einen leitenden Posten, sondern allein der Wille und die Fähigkeit des einzelnen, das Bestmögliche auf seinem Aufgabengebiet zu erreichen.

Ich bin kein Wahrsager, aber mir bleiben Träume, Wünsche und Fragen. Wir leben in einer Zeit des Umbruchs. Muß der Mensch zum Kürzertreten wirklich erst gezwungen werden?

Doch was bleibt mir am Ende von all diesen Erkenntnissen und Wünschen? Rückblickend kann ich nur sagen, ich habe alles durchlebt, was man in der Zeit, die einem die Natur gestattet, durchleben kann. Ich habe nichts ausgelassen. Was mich glücklich macht, ist der Umstand, daß ich all das, was mir bisher passierte, in einer vernünftigen Weise meistern konnte, ohne unanständig zu werden. Mehr als ein Kotelett schafft man nicht.

Obwohl ich in meinen 14 Schuljahren am evangelischen Religionsunterricht teilgenommen habe und bis zu diesem Augenblick sowohl zur evangelisch-lutherischen Kirche meiner Frau als auch zur russisch-orthodoxen Kirche meiner Eltern stehe, habe ich doch eine unromantische Vorstellung vom Ende meiner Erdenspur.
Es gibt kein Weiterleben nach dem Tode. Aber wenn der Mensch stirbt, gehen seine Moleküle, seine Kraft in die Welt ein. Eine Energie geht in einem geschlossenen System nicht verloren. Die Energie, die in mir ist wird - irgendwann - neu wirksam.

Sergei Apollonowitsch Schilkin 1995